JN408858

▲ Harry Ahn 앤드루스대학교 교수의 '강위덕 작곡가의 초상', 캔버스 위 오일

문학공원 기획시선 20

詩로 쓴 그림

손톱이라는 창문

강위덕 시집

멀티아티스트의
시로 풀어내는 그림 같은 시집!

우리 집에는 10개의 창문이 있어
이 창문들은 안에서 밖을 보는 창문이 아니라
밖에서 안을 보는 것이라 했어

문학공원

📖 작가의 말 📖

혹시 비빔밥예술이라는 말을 들어보셨나요? 저는 비빔밥예술가입니다. 폭발의 미학, 전통, 전위, 그리고 보는 것의 겹침 층이 지금 저의 비빕밥예술에 향기와 맛을 일구고 있는 중입니다. 불현듯 슬픈 자락이 구름에 걸리듯 전통미술에 전위적 논리가 겹쳐지고 그 위에 동양과 서양의 이분법이 가슴을 열고 마우스를 댔다가 윈도우를 닫았습니다. 그 이유는 "쉬지 않고 움직인다. 고로 존재한다."는 철학적 이념 때문이었습니다. 모양도 색깔도 없는 빈 그릇의 철학에는 맥박이 선연합니다. 이것이 나의 예술생활에 살아 숨 쉬는 에토스의 창작입니다.

나는 이렇게 질문을 드려 보고 싶었습니다. 나의 말, 나의 그림, 나의 노래가 잘 들리시나요? 민감한 것은 피부가 아니라 의식입니다. 줄리아드음대에서 7년 간 작곡공부를 한 이래 첵 리퍼블릭, 폴랜드, 뉴욕 카네기홀 등에서 가졌던 10여 차례의 대형 음악회는 고국에서의 예술의전당 콘서트홀 음악회를 위한 예행연습이었습니다. 고국에서의 맛깔 있는 작곡 발표회가 나의 꿈이었으니까요.

여러해 전 한국대표 시인의 공동시집을 낸다고 하여 나도 몇 점의 시를 낸 적이 있는데 그중의 하나가 「제로의 두께」 입니다. 그런데 50여 명의 시인들 중에서 나의 시 제목이 책의 제목으로 선정되었습니다. 하늘과 땅 맞닿는 곳에는 분명 선이 그어져 있는데 그 선은 선이 아니라 하늘과 땅이 맞닿아 있을 뿐이라는 것이 「제로의 두께」 의 내용이었습니다.

나의 이력에는 세 가지가 겹쳐져 있습니다. 음악과 미술과 시문학입니다 성경(계 1:3)에는 이 세 가지를 해야 복을 받는다고 기록되어 있습니다. 읽는 자 – 문학, 듣는 자 – 음악, 기록한 자 – 미술(헬라어 원문에는 그림이라고 되어 있음)이 그것입니다.

이 세 가지의 공통점은 보는 것입니다. 읽어보고 들어보고 그려보는 것입니다. HD4K 캔버스에 노래가 걸어가고 이야기가 걸어갑니다. 이것이 나의 비빔밥 예술입니다. "나의 그림이, 나의 음악이, 나의 문학이 걸어갑니다." 그리 말고는 달리 표현할 길이 없습니다.

어쩔 수 없는, 저 끝없는 그리움에 저는 서울 '예술의 전당' 앞마당에 겸손히 무릎을 꿇고 흙에 입 맞추며 인사를 올렸습니다.

저는 미국으로 이민간지 40년 만에 고국으로 돌아왔습니다. "나의 그림을 표절하여 작곡한 나의 음악세계"는 보이지 않는 힘의 실체를 시각화하는 작업, 그림을 그릴 때는 추상화를 그리지만 완성하면 하이퍼리얼리즘이 됩니다. 캔버스 위에 임파스토(impasto) 재료를 써서 입체를 살립니다. 자연을 보고 그림을 그리는 것이 아니라 비발디의 사계를 표절하여 그림을 그리다가 베토벤의 운명을 보고 그림을 그리기도 합니다. 특히 임파스토화법(impasto– technique)은 나의 특성을 나타내 보이는 나의 독특한 화법입니다. 작곡이 끝나면 동시에 그림도 함께 탄생됩니다. 뿐만 아니라 시작(詩作)도 동시에 이루어집니다. 똑같은 영감입니다. 나의 그림이, 나의 음악이, 나의 문학이 세계를 읽고 있습니다.

하늘과 땅의 숫자 7

- 캔버스 위 유화 30cm x 40cm

예로부터 하늘의 숫자는 3이라 했고 땅의 숫자는 4라고 했다

옛 무속신앙에는 삼신이라 했고 기독교에서는 삼위일체라 불렀다

땅에는 동서 사방에 흩어져 산다며 사람의 숫자를 4라 불렀다

여인상

- 캔버스 위 유화 36cm x 55cm

밀교(密教)의 문을 여러 번 거쳐 피어난 여인

저 요염에 가리어진 화냥기 서린 눈동자엔 푸른 강물이 흐르고

바람으로 불리다가 내가 된 가슴이 아무도 닫지 않는 그 위에 닻을 내릴 때

저 팽팽한 가슴속 또 다른 언어의 비밀을 더듬고 있다

바람이 부는 바다 풍경

- 캔버스 위 유화 34cm x 50cm

눈물이 바다가 된다면
기쁨 쪽으로 헤엄쳐 저 멀리 수평선에 걸리고 싶다
출렁거리는 바다에도 분명 끝은 있을 거야

하늘을 여는 드릴과 마우스

- 캔버스 위 유화 210cm x 130cm

드릴로 하늘을 뚫어 메타버스를 탄다 오른쪽에 마우스로 독수리를 추적한다 거기에는 현실과 연계된 가상공간이 있다 동떨어진 환상의 공간이 아니라 ITC 기술을 통하여 가상세계를 개척하고 있지만, 땅값이 너무 비싸 망설이고 있다 그러나 나의 꿈은 가상세계에 10층 건물을 지어 화랑을 오픈하고 싶다 메타버스의 시대가 돌입되고 있다 페이스북이나 카카오톡 시대는 곧 과거로 물러날 터

미로

- 캔버스 위 유화 210cm x 120cm

어지럽게 갈래져 한번 빠지면 헤어나기가 힘든 길, 길은 많으나 미궁과는 다른 개념인데 골목들이 많아 길을 잘못 들어서면 방향이 달라질 수 있는 곳이 미로이고 길이 하나밖에 없는 것은 미궁이다 천로역정은 미궁이 아니라 미로이다 길은 다르고 방향이 달라도 하늘도성에 도달할 수 있다 천국 가는 길은 12문이라 했다

산길을 간다

- 캔버스 위 유화 32cm x 40cm

나무와 나무 사이
막힌 듯 다시 트이는 산길을 간다
숲의 범위와 깊이를 가늠하며
아무도 없는 태도로
무심하게 침묵하는
단 몇 줄, 행간 사이
어둠이 밝음에
낙서를 하며 다가서는데
다 털어버린 가벼운 차림으로
돌아서 온 길
하얗게 지우며 산길을 간다

국적

- 캔버스 위 유화 46cm x 55cm

미국에 흩어져 살고 있는 한국 국민, 스트레스가 많은 백성으로 명성이 나 있다 돈 한 푼 지키기 위해 이미 날카로운 발톱을 가진 짐승으로 변해버렸다 하이에나처럼 떠돌다 썩은 고기도 챙기고 나무 위에 올려놓고 법을 엎어 끌어내리기도 한다 스트레스 없기로 일등인 나라 멕시코는 새벽부터 인력시장에 끌려다니면서 욕심도 없이 몸 굴리며 산다 그들에게 연민을 느끼다가 문득 내 안에서 뻗어나간 바리새인의 그림자를 발견한다

후진국에 비해 좋은 국적을 가진 내가 그들을 부리고 산다 해도 등허리 긴 그림자 안고 멀리서 바라보니 세리들의 고샅길이 아스라히 비춰진다 쥔 것 없는 손목으로 돌아와 허물 벗어 홀가분한 영혼의 그림자까지도…… 얄팍해진 카렌다 속에 남은 생의 부피를 보며 열 발가락으로 생의 굴곡을 써레질한다 천 년을 딛고 온 풍상이 검은 이끼 되어 써렛발 틈을 덮고 있다

기억들의 시간 - 스트레스 없기로 일등 멕시코 소년

- 캔버스 위 유화 46cm x 55cm

빈손과 빈 가슴에 몸살로 앓던 마음이
어머니의 눌변(訥辯)의 깃 자락처럼
산허리를 휘감아 촉촉이 밴 눈물을 짠다

기억들이 퇴적암처럼 겹겹이 쌓여
유유히 흐르는 시간의 강심에 회오리칠 때
잃어버린 시간 속에서 잠자던 기억들이 맥박처럼 뛴다

염원의 신비스런 눈과 마주친 까칠한 그리움이
세월의 혈관을 돌다 마지막 번지수, 푸른 심장에서
물망초로 피어난다

바다

- 캔버스 위 유화 66cm x 46cm

태곳적 바다가 울기 시작할 때 갓 탯줄 끊어진 노을 핏덩이를 안고 바람이 무너진다 파도는 인식의 언어가 되어 땅거미 파고드는 저녁의 입구에 찾아가 세계를 더듬는다 파도의 껍질은 접혔다가 다시 펴지고 가까워지다가 다시 바닥없는 시간 속으로 떠내려간다 비가 쏟아져도 젖지 않는 우울한 책갈피에 파도가 접힌다

내 마음이 접힌다

먼 부재의 저편

- 캔버스 위 유화 74cm x 44cm

날마다 잃었다가 되찾는 눈동자 모양 먼 부재의 저편에서

출렁이는 영혼의 풍경이 흉흉(凶凶) 옹이를 매달고 있다

시로 표현된 단색 캔버스가 좀 심심히 느껴지기도 하고

그렇다고 화려한 색깔이 눈을 즐겁게 하는 것도 아닌데

그저 마음에 드는 희끄무레한 언어의 색깔이 송사리처럼 소리로 몰려온다

저편에 가는 길은 아직 헝클린 채로 묻혀있고 추억의 미학이 점자(點字)처럼 눈내리고 있다

한 걸음 생략하고는 어느 곳도 도달할 수 없거늘 알면 알수록 깊어만 가는 물거품

그 위에 한 걸음 내디딜 수 없어 먼 부재의 저편에 눈동자만 박혀 나를 바라보고 있다

산

- 캔버스 위 오일 400 x 176cm

커다란 산이 나비처럼 안개 위를 날고 있다 어릴 때의 꿈처럼 산이 가볍다

자세히 들여다보면 계곡 따라 물소리 엄하고 산은 폭포가 되어 쏟아지고 있다 나뭇잎 하나가 아무 기척도 없이 날고 있다 천 년이 가고 다시 남은 세월이 몇 번이고 세상을 뒤엎었음에도 흐르는 물에 발을 담근 커다란 산, 햇빛 가린 그늘 속에 몸 다 가려도 남은 그리움 위에 햇살이 소복이 쌓인다 바람이 불고 석양이 다가온다 석양은 아름다워도 잠시 후면 사라질 것을… 어둠에 밀려 절벽에 발을 헛디딘 시간은 사람들이 잠든 사이 산에 물을 만들고 아침을 뱉어낸다 부끄러운 어둠에 얼굴을 쑥 문대니 땀 냄새 몸 냄새가 시간에 젖는다

날이 밝으니 커다란 산 어깨에 우주가 걸린다 산이 가볍다

메마른 관절에 걸린 내 몸도 가볍다

조용한 아침의 나라에서 행복합니다

- 캔버스 위 오일 220cm x 150cm

행복합니다
행복이란 말을 쓰지 않아도 행복합니다
마음만 먹어도 행복합니다

노여움 몰래
가시도 삭아내려 행복이 핍니다

행복합니다
그래도 행복합니다

옥크릭캐년(oak creeck Canyon)

- 캔버스 위 유화 222 x 139 cm

온통 빨간 산, 빨간 흙으로 뒤덮인 세도나를 갓 벗어나면
옥크릭캐년이라는 골짜기가 나온다
그곳은 마치 한국에 온 것 같은 느낌으로
대관령 소나무 숲 같다
속을 비워 가벼워지지 않을 거면 소나무를 닮아라
옥크릭캐년 소나무 아래 서면 나는 소나무가 된다

해바라기의 고백

- 캔버스 위 오일 90cm x 180cm

고백은 서툴수록 좋아
푸른 하늘처럼 넓어서도 안 돼
바람처럼 요리조리 약아도 안 돼

안 돼 안 돼
진실할수록 서툰, 서툰 만치 진실한
달의 난간에 마음을 두고

발걸음은 마음 밖에서 동동거리고 있다

애리조나 노숙자

캔버스 위에 오일 136cm x 138cm

지나던 여인이 물 한 병을 건네자
그 사내는 마개를 따서
꿀꺽꿀꺽 두어 모금 마시더니
머리 꼭대기에 대고 물을
아예 통째로 쏟아붓습니다
메말랐던 온몸의 지느러미에
물의 감촉이 흐르고
그는 지금 바닷속으로
다이빙하고 있습니다
꼬리지느러미를 활발히 흔들며
언어(言語) 이전으로 헤엄쳐 나아갑니다
흐늘거리는 랜덤함수가 궤도를 이탈합니다
일으켜 세울 수 없는 뿌리 약한 숨소리가
수식이 필요 없는 <없음>의 소멸과 맞닿아 있습니다

하늘 경전

- 캔버스 위 오일 147cm x 90cm

경전 한 페이지 열어볼까 – 새들은 자음으로 땅을 향해 노래하고

산 한 페이지 열어볼까 –짐승들은 모음으로 산울림 하는데 새로 돋은 잎사귀들 손끝으로 받아쓰네

바다 한 페이지 열어볼까 – 바람이 한 오라기 파도 자국 흘리고 가듯 시 발자국 '살금!'하다

이처럼 부끄럽고 눈물 잇대어 기운

삭신

- 캔버스 위 오일 150cm x 140cm

뼈마디도 자주 쑤시면 친구가 된다
더운물에 들어가
재스민, 라벤더, 이랑이랑
몇 방울 떨어뜨리니
장작개비 같은 삭신도
내복처럼 유순해진다
가시를 안고 헤엄치는 삼치처럼
뼈마디 쑤시는 80대는
불행을 밥 먹듯 안고 살아도
행복한 듯 살아간다
거꾸로 매달려도 살 만한 세상,
장롱 속에 행복의 속옷 냄새
물씬 풍기는 100세를 열어도
뼈마디 쑤시는 행복을 열망할 것이다

서낭바위와 미녀

- 캔버스 위 오일 60cm x 40cm

마그마 흐르는 행로에
이런 모양의 페인 자국이 있었더이다
잠시 쉬다 가려던 것이
이리
천 년의 망부석이 되었더이다

천 년의 바람에
덩그러니
알몸으로 남아
외로이 서 있었더이다

그 아래 포즈를 취하고
막막한 평야를 바라보고 있는 여인,
레드잉크 인생을
블랙 잉크로 만들어줄 프로이드…
지형적, 역동적, 경제적…
그리고 구조적에 집중하고 싶었다

그리스도의 임재

- 캔버스 위에 유화 200 x 140cm

직선에서 곡선으로 가는 찰라는
언제나 회오라기 친다
직립 하강하시는
예수의 주제는
컨셉트의 다양성이다
아름다움은
스스로 드러나지 않는다
구름에 가리어 보이지 않던
승천 때와는 달리 재림시에는
가시적으로 번개가
번쩍이듯 임재할 것이다
"각인의 눈이 그를 보리라"
그렇다면 구속 받은 백성은
왜 보이지 않는가!
천군천사는 왜 보이지 않는가!

그랜드캐년(Grand Canyon)

- 캔버스 위에 유화 200 x 400cm

그랜드캐년 대협곡(大峽谷)은 미국 애리조나주 북부
고원지대를 흐르는 콜로라도강에 의해서 깎인 거대한 계곡
내 마음은 그대에게 깎인 대협곡이다

앙상한 마음

- 캔버스 위 오일 226 X 139cm

앙상한 나무들이 앙상한 겨울 숲을 붙들고 있다 그 위에 허공이 공평하게 엎질러진다 허공을 비집고 서리가 내리더니 저녁 무렵엔 눈이 내려 앙상한 숲들을 골고루 짓누른다 더하고 덜한 데가 없다 먼데 능선에서 가까운데 골짜기까지 공평하다 사방에 어둠이 깔린다 사방은 사방이라서 네 개의 다리가 있지만 갈기를 날리지 않는다 조용하다 도무지 말이 없다 한 말씀 기다리는 마리아의 성상 앞에 순례자 같다 사람 하나가 어둠을 찢으며 최초의 사람인 듯 눈길을 밟고 지나간다 그의 발자국이 패일 때마다 어두움이 담긴다 막막한 대지에 아무것도 아닌 것 같은 사람인데 도둑처럼 내 심장의 박동을 훔쳐간다 귀로 듣고 입으로 말하는 저 사람의 명치끝에 숨겨둔 울음주머니는 한없이 커지다가 작아져서는 소나무의 가슴에 압박 붕대를 감고 있다

최초의 여자 하와 2

- 레즌, 높이 80 x 넓이50 x 깊이 40cm

귀가 입에게 말한다
말하라 때가 되었다
눈도 조용히 다가와 속삭인다
말하라 입을 열어라

귀가 말하고
눈이 말하는데
입은 입을 열지않는다
명치끝에 숨겨둔 울음 주머니같다

세 개의 한 몸

- 캔버스 위 오일 180 x 120cm

세 개의 소나무가 한 이야기를 한다 광선의 각도에 따라 메시지가 달라져도 영상은 현존하는 한 시 공간이다 그곳 그리고 그때는 없으면서도 있는 것이며 부재하면서도 재창조의 장도일 뿐이다 시간의 흐름에 따라 짐꾸러미는 그대로 두고 정확하게 기억하지 못하는 사람에게는 왠지 이상하다는 느낌을 남기기도 한다 임파스토 장르는 알 수 없는 곳으로 이리저리 변형되어가는 한몸이다

향기가 소리를 내다

- 캔버스 위 오일 35 x 55cm

진흙이 만든 최초의 언어는 꽃이다 한 송이 꽃이 피어나려면 1,000개의 천둥, 1,000톤의 물감이 소나기가 되어야 한다 한 송이의 꽃은 하루아침에 피는 것이 아니다 황소가 천천히 일어나 산과 들녘을 깨우듯 죽은 자의 시체가 썩어 모래알이 된 그 속에 잔가지 흔드는 새바람으로 풀무질을 해야한다 저 들녘을 보니 꽃송이는 불쑥 몰아친 숨결을 타고 飛上인지 非常인지 위를 날고 있다 태풍 주의보가 경보로 바뀌자 향기가 끼리끼리 흘레붙는다 그들의 숨 가쁜 소리에 물의 깃털이 날아다닌다 향기가 지구도 되고 은하도 되고 우주도 된다 인생의 삶과도 같다

인카네이션

- 캔버스 위 오일 42cm x 35cm

꽃이 없는 꽃병에 태양이 담기는…
그런 눈물이 누구니?
신이 없는 몸뚱이에 지붕도 없이 서있는 슬픔,
늙은 산위에 허여멀건 낮 달이 외로운데
빈 그네를 탄 인카네이션이 바람을 일으킨다

백파

- 캔버스 위 오일, 35cm x 55cm

숨어있는 사람이 있습니다
숨어있는 사람에게
숨는 사람도 있습니다

사람은 본래
사람 속에 숨습니다
숨은 사람 속에 들어가
숨으면
더 따뜻하고
더 안전합니다

유월의 감격

- 설치미술, 200cm x 240cm

나지막한 산마루 언덕
상처 입은 여인이 숲 문을 열고 들어가
하나둘 바람을 세고 있다
습기 찬 해자(垓字)에는
요철(凹凸) 모양의 번제단이 할례를 받고
달마다 혈흔 같은 동백꽃 피우는데
꽃향기 흩뿌리는 두 개의 언덕 사이
인간의 원초적 욕망이 서려 있는 축축한 늪 따라
낮은 땅은 허물어지고
극도의 오르가슴이 범람하고 있다
흔들리면서도 끝내 굴절하지 않는 토요일 밤이여!
생명을 고고하게 불태우며

주홍빛 불끈 세워 신생의 손금을 새기던 골고다의 언덕이
정(精)과 란(卵)의 새 출발을 이야기하고 있다

문학공원 기획시선 20

詩로 쓴 그림

손톱이라는 창문

강위덕 시집

멀티아티스트의
시로 풀어내는 그림 같은 시집!

우리 집에는 10개의 창문이 있어
이 창문들은 안에서 밖을 보는 창문이 아니라
밖에서 안을 보는 것이라 했어

문학공원

차례

강위덕의 그림이 있는 시

1부. 예술가의 길

차례

2부. 최초의 여자 하와

3부. 물병에 담긴 바다

차례

4부. 애리조나의 봄

1부
예술가의 길

퀼트이불 실록(實錄)

1.

씨실과 날실 없이 복잡하게 어울린 무늬는 방금 발굴된 고대 상형문자처럼 해석이 필요해 라우센버그의 만화경 같은 캔버스의 춤사위가 미디움이야

2.

천태만상의 천조각을 수집하기 위하여 얼마나 오랜 세월이 흘렀을까 못 가져서 평온했던 할머니의 모시 적삼, 가져서 괴롭던 복부인의 치맛단, 앉은자리 풀 안 난다는 비단장수의 두루마기, 신식 아기씨들이 뒤집어 입던 청바지, 낡을 대로 낡아 엿장수도 마다하는 온갖 잡다한 헌옷쪼가리로 짜깁기를 했지

3.

너는 마치 중세 성당 창문의 퀼트 문양을 닮았어 거기엔 조각조각 짜깁기한 예수의 초상화가 그려져 있지 어느 한군데 흐트러지거나 허황한 데 없이 단정한 얼굴에는 한번 보고 덮어버릴 얼굴이 아니라 우주의 네비게이션이 무엇보다도 섬서하게 패어져있어 이건 비밀인데 사람은 다리부터 생기고 다리부터 죽는다잖아 엄마 뱃속에 있을 때는 발길로 아랫배에 시를 쓰지 이 시를 좀 봐 여인의 배꼽과 치골 사이에 손금처럼 섬세하게 패인 흔적이 있어

4.

배에 새긴 파란 만장이여 카타콤에서 천여 성상을 송장처럼 지낸 이들이여 천 갈래 만 갈래 깨진 퀼트 유리알은 오천만 순교자들을 쳐낸 칼날이 되었지

5.

당대의 증인은 르네상스 시대의 화가들이야 레오나르도 다빈치, 미켈란젤로, 라파엘로 산치오 등의 화가들은 그림으로 퀼트사를 써내려갔지 그러나 그들은 천 년 후 역사의 아이러니를 알 턱이 없었어 핍박을 가하던 그들은 패자가 되어 병인박해에 휘말리는 신세가 되었어 퀼트 유리알 쪼가리는 어지럽게 얽혀 피를 토해냈지

6.

신문지에 싸서 버릴 수도 없는 평온한 공간의 너는 어둠을 부끄러워했어 전봉준의 압송 소식이 피아노소리와 함께 들려오고 있었지 진군하듯 들려오는 신자들의 발자국소리가 밀알처럼 싹트고 있었어

7.

박해의 역사를 포괄하는 따뜻한 너는 본래 차갑고 날카로운 언어들을 함축한 단어였지 그러나 그들은 찬 코드들을 키질하여 포월(蒲月)적으로 치환해 놓았지 아님을 안임(內)으로 바꾸었어 그들은 읽기의 혁명을 일으켰지 눈 속에 이글대는 전율의 마그마가 계속되는 혼절의 시간을 마다하지 않았어 말 속에 바람이란 단어가 나오면

이를 소망이라 바꿔 읽기도 하고 어떤 때는 찬 것을 따뜻하다고 바꾸어 해석했지 이러한 읽기의 혁명은 현대시의 시작이었어 아방가르드의 조형이 시가 될 수도 있어 바르트, 야우스, 이저 등의 심미적 언어인 너는 지금 르네상스 천 년의 역사를 저공으로 비행하고 있지

모닥불 방언

낙서로도 몇 마리의 물고기를 잡을 만한 재주가 없네 모닥불 앞에서 수십 년을 허공으로 오르는 불꽃을 보고서야 담장 옆에 모닥불 피우는 법을 배웠네 쓰자마자 지워지는 저만 아는 낙서의 경전, 모닥불은 인종과 대륙의 차별을 태우며 모닥불에 타오르고 있지만 생선 몇 마리가 갈릴리 호수에 얼비쳐 흐르네 평범한 소시민 페이스북에 입력된 닭 우는 소리가 뼈를 깎는 통증처럼 참을 수 없는 비린내를 붙잡고 있네 한 걸음의 발자국도 내놓지 않고 잔혹한 미륵처럼 세월을 견뎌야 하네 구들방에서 메주를 매달고 긴긴 겨울을 날밤으로 세워 봄을 일으키듯 새벽을 깨우는 시퀀스의 닭소리가 마음속에 들어와 모닥불을 지피네 아직도 땅거미가 새벽을 견디고 법조문처럼 시선에 꽂힌 베드로와 예수가 밀폐된 갈릴리 호수 속으로 하역되고 있네 모닥불을 분비하여 새벽으로 가는 어둑어둑한 침묵 위에 천국의 방언이 흐르네

사랑하므로 사랑했으므로 사랑할 지어다 사랑할 지니 그래도 사랑하리로다
사랑했던 모닥불을 끌어안네 저주했던 모닥불 앞에서 모두 산화하네

온달 위인전

바보는 감나무에 걸린 달을 따기 위해 나무 위에 올라갔지

그러나 달은 저만치 멀리 떠나 있었어 바보는 달이 도망갔다고 생각했지 다음 날 달맞이꽃 한 송이로 달을 유혹했지 다시 그 다음날 달이 뜨는 강에 올라 달의 통점에 닿으려했지만 슬픔은 바닥에 뒹굴 뿐 달은 강물 속에서도 잡을 수 없었어 달의 안감을 뜯어보려는 강물도 바보를 도와 물의 서랍을 모두 열어 보였지 낚싯배 몇 개와 달을 돕는 기러기 떼만 한가로이 날고 있었어 기러기의 착륙을 위해 감나무는 쇄골의 수피를 벗겼지 나무에 걸린 달이 서쪽으로 이동하고 있을 때쯤이었어 서쪽에 무엇이 있기에 해도 가고 달도 그쪽으로 가는지 바보는 궁금해졌어 지구는 동쪽으로 굴러가는데 문명은 폭포를 거슬러 솟구치는 숭어처럼 서쪽만을 고집했지 바벨론, 페르시아, 헬라, 게르만민족의 대이동, 서로마 제국도 지워지고 1260년의 종교암흑시대가 미국을 발견했지 긴 여정의 서쪽이야 미국보다 더 서쪽으로 일본, 단추의 나라지 더 서쪽으로 한국에 닿았지 한국은 사이버 왕국이야 인간의 망막에 비친 문명의 서큘레이션은 한국에 와서야 멈춰 섰지 바보는 눈을 비비며 새벽녘이 되어서야 달에게 말했어 한국은 세계에 중앙이라고

옆에서 엿듣던 중국이 달에게 빈정거렸지 세계에 중심은 중국이라고

봐봐 중국(中國)이잖아 이제는 우리 차례야

달이 말을 받아치며 왈 그 말은 맞아 중국은 본디 고구려의 땅이었으니까

그제야 바보의 머리가 번뜩했지 평생 달을 따라 다녔는데 달은 내 속에 있었어
바보는 바로 그때 신분을 밝혔지 내가 고구려의 장수 바보온달이라고

중국은 우리 땅
독도는 우리 땅

천재 바보 온달
고구려를 지키기 위해 삼십도 안 된 짧은 나이에 전사한 바보온달에게서 책 냄새가 났어 그는 이스라엘에서 밀려온 바람과 함께 2021년 12월의 마지막 달력을 넘기고 있었어

로봇청소기

진공 속에도 에너지가 있지
다음의 공식이 입증하고 있어

$$(R_{\alpha}^{\beta} - \frac{1}{2} g_{\alpha}^{\beta} R) + \Lambda g_{\alpha}^{\beta} = \frac{8\pi G}{c4} T_{\alpha}^{\beta}$$

에너지는 가끔 많은 것을 압도하지
야수의 본성은 양자역학이야
순간순간마다 보이지 않는 바위의 위치가 자꾸 변해가고 있어

꽈당, 쨍그랑,

바위와 바위가 부딪히자 진공 속에 중력이 생기고 물질이 생겨났지
참, 신기해, 이렇게 해서 사람도 생겨났대
진공 속에 에너지는 호모아리택스,
1초에 수 조의 부딪침으로 칼리오패의 그림자를 드리우면서,

그 속에 마음의 한 자락, 사랑,

그 뜨거움을 억제치 못해 갈빗대를 열어 여자를 만들었어
언어의 속살일랑 추려 사랑으로 채우고
푸른 신호등에 붕붕 액셀러레이터를 밟아 가슴의 길을 활짝 열었지
흔모 애열 연모 사모 정 이런 것이 사랑이였어
사랑의 연료는 한번 사용으로 폐기되는 것이 아니라
사이버 진공 팩에 보관되어 영원으로 이어지지
미끄럼 방지, 논스립 진공 패드가 변질을 막아내고

창조신의 블랙박스 기호, GOD
진공에너지 감마 상수는 Y, 단위역제곱은 S^{-2}
자! 이제 신호의 밝기, 습기 찬 시선이 마른 땅에 나무를 심으며
상상력이 소묘한 꿈으로 우주를 날수 있어
아직도 주인이 없는 4차원의 사이버 세계는
무료로 멀리멀리 갈 수 있어,
이편의 안녕을 갈구하는 한 폭의 피레네의 성에서
꿈의 나체로 쉬르 레알리즘의 시작(詩作)을 할 수 있지

아내는 로봇청소기를 원하지만
나는 억새빗자루를 원해

낙원지리지(樂園地理誌)

길이 제 몸에서 길을 빼내고 있다 영랑거미 같다 갈망하는 아득한 길 끝으로 시린 발을 구르며 탈주를 시도하지만 빛에서 생겨난 그림자가 앙상할 때에는 어쩔 수 없이 짙은 그리움으로 그림자의 살집을 불려야 한다 시인들은 눈만 뜨면 세상만사를 은유하려 들지만 길은 틈만 나면 말씀과 말씀 사이의 침묵을 캐내 길로 만든다

새처럼 날개가 퇴화한 코바네우가 유전인자 속에 숨겨 있듯 이천 년 전 아리스토텔레스의 詩而吾(ceo)가 욕망 속에 총총 박혀있다 아무리 들녘의 꽃이 좋아도 얼마만큼의 모방에 충실한 다음엔 트릭을 지워야하는 것, text! 모든 약물과 도표의 꾸밈의 요설이 사라진 뒤에 남은 것 한글이건 워드든 엑셀이든 어느 프로그램에서 작업을 하든 text야

text를 세이브할 때 수에즈운하와 파나마운하는 물길을 열여준다

눈을 뜨니 다시 현실, 우주의 넓이는 10의 26 제곱미터, 천조 분의 일초도 안 되는 찰나를 모방하기 위해 詩퍼런 눈으로 길을 찾는다 오늘 아침 각성은 이것이 전부다 르네마그리트가 숲에 알전구를 켜고 하늘의 구름을 유리컵에 담지만 그것은 진정

한 은유가 아니다

진정한 은유는 text 스스로가 어떻게 역할을 하는 지를 바라보는 일, 낙원을 즐기는 것이다

미라

그 여인은 어찌 되었을까 뱃속에 죽은 아이를 그대로 방치한 채 현대적이며 다부진 메타포를 토한 채 몇 백 년을 흘려보낸 여인, 아직도 건재한 걸까 한 톨의 핏자국도 없이 삶도 주검도 아닌 그냥 현재의 아이, 남녀가 새겨놓은 언약의 표식 같고 스스로 조상이며 후손의 형태다 어쩌면 지구의 생명체가 아니라 아닌 우주에서 생성된 생명체 ET 같다 여인은 자궁 속에서 굳어버린 아이의 몸에 우주를 새긴다 화석이 되어버린 첫 아기를 몸에 품고 끙끙거렸던 무늬가 열병처럼 새겨져 있다 에마뉘엘 레비나스[1]가 400년도 넘었을 흙을 긁어내며 무늬를 살려내고 있다 64채널 시티 촬영으로 400년째 임신 중인 20대 여인[2], 세월은 늙어가도 그 여인은 20대를 우기고 있다 늙은 산파가 조개껍질만한 기계를 굴려 빅뱅 초음파로 아기의 심장소리를 잡아내고 있다 그러나 아직도 이 아이는 엄마를 알아보지 못하고 엄마의 수치에 목을 매고 있다 부끄러움이 고통을 쳐내기 전에 아기를 밀어내지 못해 심장이 파열된 엄마의 마지막 1초의 기도가 구천을 떠돌고 있다

---

1) 『존재에서 존재자로』의 저자, 서동수 옮김, 민음사, 2003년

2) 400년 전 조선 중기 문신이자 세도가였던 파평윤씨 윤원형의 중손녀로 키 153센티 나이는 20대로 추정된다

우주론

굼벵이가 허리를 구부렸다 폈다 한다

산이었다가 바다였다가
대지의 이 끝과 저 끝
우주가 허리를 구부렸다가 폈다 하는 것 같다

70억의 인구가 몸살을 앓는다
고장 난 나비 날개처럼
나뭇잎 하나가 어깨에 떨어진다

내 몸에 유성우가 떨어진다

옆구리는 옆구리의 외로움을 모른다

1.

옆구리를 찔러본다 하늘이 오므라든다 광개토대왕이 옆구리를 찔러 나라를 세우더니 맥아더장군이 서울을 탈환한다 옆구리 작전은 소실대탐(小失大貪)이 수렴되는 적분(積分)의 값이며 창과 방패를 쓸 필요가 없다 새들이 하늘의 어디든 옆구리를 찔러 길을 만든다 옆구리를 찢어 탈출의 통로를 내는 애리조나의 사막은 내가 지난 40여 년 동안 발 딛고 산 나의 옆구리였다

2.

홀로아리랑이 옆구리를 넘는 소리로 독도를 지킨다 맷돌이 어처구니로 우리 민족을 살려왔듯 독도가 옆구리로 우리를 영혼을 먹여 살린다 후반 44분 프리킥, 손흥민의 오른발 감아차기 슛이 축구장의 옆구리를 강타하자 북런던이 환호한다

3.

인류 최초 4대 문명발상지 메소포타미아 평야가 옆구리를 움직이자 르네상스를 타고 추임새를 한다 서쪽에 무엇이 있길래 달도 가고 해도 가는 것일까 서쪽으로 서쪽으로 세계를 휘감고 인천항에 상륙할 즈음 대한민국이 몸살을 앓는다 굼벵이 같이 생긴 한국이 세계를 흔든다

4.

그리스와 로마의 옆구리는 위대했다 아이네아스는 아프로디테 여신의 아들, 그는 팔라디움을 옆구리에 끼고 불타는 트로이성을 탈출에 성공한다 타이어 속의 텅 빈 어둠이 엄청난 속도로 고속도로를 굴린다 덩달아 텅 빈 나의 가슴도 구른다 트로이의 발꿈치가 상하는 동안 옆구리에서 핏물이 삐져나온다 이 물과 피는 우주의 옆구리다

5.

자다가 일어나 창문을 연다 뒤뜰 긴 그림자 사이로 잘게 썰린 별빛이 심엽(心葉)에 스며든다 새어 들어온 별빛 한 모금 마시니 내 온몸이 빛이다 여름철 별자리는 한 하늘에 백조와 독수리를 한꺼번에 그려 넣고 거문고를 탄다 오리온자리의 겨울 평온을 보니 발걸음 하나 없는 하얀 들판에 목쉰 바람소리가 앙상한 나무 한 그루를 감싸고 있다 바람은 누구에게나 옆구리다

6.

옆구리가 없는 고등어는 온몸이 옆구리다 생선구이 집에서 노릇노릇 옆구리를 익혀 옆구리를 뜯어먹는다 산다는 것은 아담이 하와의 옆구리를 찌르른 일 내가 이름 모를 여인의 옆구리를 찌르자 화들짝 놀란 난공불락의 세상이 내 안으로 안겨왔다 밤송이 가슴을 열어 알밤을 보인다 가슴을 열어 보니 내가 거기 숨어있다 하나님은 왜 옆구리만 찌르면 깜짝 놀라게 만드셨을까

본능

1.

나지막한 산마루 언덕, 상처 입은 여인이 숲을 열고 들어가 하나둘 바람을 세고 있다 은하수 어느 별의 영혼이 담긴 듯, 신이 만든 요철(凹凸)의 혈흔 같은 동백꽃, 인간의 원초적 욕망이 서려 있는 축축한 늪 따라 낮은 땅이 허물어지고 흔들리면서도 끝내

"굴절하지 않는 바람아! 생명을 고고하게 불태우거라"

시를 쓰던 골고다의 언덕이 주홍빛 침묵을 지운다

말이, 말이 아닐 때, 말이, 말을 벗어날 때, 말이 말을 하도록 하는 순간 말이 지워지고, 소통이 지워지지

2.

웜홀을 보다가 여자를 본다 하늘에도 웜홀이 있다 하여 여자는 하늘이라 했지 하늘이 여자!

충격, 취향도 한걸음 물러서기를 기다리던 남자가 천당이 내게 오기 전 지금의 하늘이 하늘의 하늘보다 더 가까이 있다는 것을, 신이 모든 곳에 자리할 수 없어 여자

를 우리에게 두었다는 것을 이제야 알았지 이생도 그렇고 내생도 그렇고 여자는 내게 하나님이야

행위가, 행위가 아닐 때 행위가 행위를 벗어날 때 행위는 지워지고 사랑도 지워지지

3.

당겼다 밀었다 하는 요제절 행사는 권력자의 권한이 아니라 하늘 위에 머물러야 하는 하늘의 아침이야 시인의 추리에 자유를 준다면 골고다의 언덕에 매달려 있어 지구가 허공에 매달려 있듯이 이념이, 이념이 아닐 때 이념이 이념을 벗어날 때 이념이 지워지고 뇌의 시스템이 지워지지

4

진동이 있어야해 파장이 숨 가쁘게 올라가야해 햇살과 바람이 창궐해야 해 하늘의 별, 알니람, 그 별에 찬란한 웜홀이 있다지 오리온 성좌에 걸터앉아 터널의 후미까지 바라보네 웜홀은 네 개의 별이 너무 멀리 있어 한 별처럼 보이지 거지 이 터널 안에 삼층천이 있어 민타카(Mintaka), 알니람(Alnilam), 알리탁(Alitak)의 세 별을 옛부터 삼태성이라 불렀지 이 3별 중 가운데 별의 웜홀은 우리의 본향이라했지 웜홀은 본디 벌레가 배추 잎사귀에 구멍을 낸 것을 말하는 거래 이것이 세계 최첨단 물리학의 언어가 되었어 소통이 소통이 아닐 때 소통이 소통을 벗어날 때 소통이 지워지고 음양오행이 지워지지 말이 지워지고 이념이 지워지고 시인이 지워질 때 세상은 억측이 난무해도 지지

예술가의 길

1.

너, 싯딤나무야 눈보라 오는 날 흙의 영혼을 훔쳤을 때 땅에는 피가 흐르고 혼이 떠난 자리엔 뿌리가 바닥을 토닥였었지 혼과 뿌리가 하나라고 말해도 될까 나가고 들어옴이 한통속이듯 가능성은 홀로 서 있는 사막의 척추에 있지 바로 이것이 끈질긴 생명의 원형을 굳게 잡고 있어 나가고 들어오는 것은 태도만 다를 뿐 문을 통과하는 것은 또 다른 존재로 열린다는 것, 그것이 물기 묻은 나의 시선이야

살아서 천 년, 죽어서 천 년, 땅에 쓰러져서 천 년을 견딘다고 성화의 나무라 불렀지 마음에 들지 몰라

2.

너 싯딤나무야 여기에 침묵이 있었어 일 년이 가도 비 한 방울 보기 힘든 사막 광야에서 저 성화처럼 피어오르는 싯딤나무, 땅 깊숙이 뿌리를 내려도 땅 싸움하지 않으려 외따로이 흩어져 있구나

지친해가 잠자리를 준비하는 분홍빛 이불을 펼 때, 오만가지 감정과 풍경이 그 속에서 쉼을 얻고 있구나! 밀리는 대로 말없이 밀려주던 열기 띤 모래알 냄새도 조금씩 다른 색깔로 숨을 돌리고 있어 물과 바람의 만남과 경계 없이 흐르는 싯딤나무는

지하 10m까지 뿌리를 내리고 옆으로 200m까지 뿌리를 뻗어 몸 속 깊숙이 숨겨 두었던 물주머니로 이렇게 건조한 지역에 서 있지

3.

싯딤 성화의 길이 급기야 불끈! 신의 경지에 닿는 길이거늘 왜 이리 고요한가 지난 새벽 칠흑 같은 어둠 속에서도 아득한 소실점은 분명 있었어 한 가지 슬픔과 기억 때문에 외로워하는 것은 분명 아닌가 보다 세포액 농도가 매우 높은 강알카리성과 염분을 함유한 지하수에서 캄캄한 어둠의 길목으로 되돌아오는 싯딤의 길, 온종일 너 들리는가? 사막의 교향악단 소리를, 온몸으로 견디라 일갈하는 소리, 황량한 사막은 있어도 황량한 너 싯딤나무는 없다고

참 이상하지 흙의 영혼으로 집들이하는 싯딤나무는 사막의 여행객들에게 기다리는 몸짓 하나, 표정 하나가 연기처럼 남아있다는 게

표절의 온도

침묵으로 노래하는 너는 누구냐 돌빛 감아도는 투명, 차디찬 DNA가 나의 발목에 꼬리표를 붙였지 꽉 잡아도 잡히지 않는 너는 높음에서 낮음으로 애틋한 소리, 흙을 길들이며 창조가 정교하다

서로를 표절하며 가다듬는 매무새

명랑한 계시, 경건한 높이 고르기, 지고한 높이도 순간 따라 다시 낮아지는 너의 정점은 신들의 기적이지

어디까지 흘러갔을까

어느 강여울을 지나 서해 바다에 소금이 되었을까

시냇물에 얼음이 얼면 얼음 안의 시냇물은 성형외과 의사가 돼

못생긴 돌멩이를 다듬어 예쁘게 조탁하지 그래서 조약돌이 생겨났어

얼음이 되었다가, 풀렸다 다시 얼음이 되는 너는 나이테를 만드는 창조의 신이야

너의 속성은 참으로 이상해

이상하기 때문에 능력이 있어 보여

졸 졸 졸 소리의 꽁무니를 따라가 보니 시냇물의 소리는 사람의 소리야

자갈에 부딪치고 돌에 부딪치고 들풀에 부딪칠 때 노래를 하지

시냇물에 노래가 없다면 인생의 삶에도 노래가 없지
빈껍데기의 목쉰 바람소리도 시냇물의 리듬 속으로 들어가버리고, 혹한의 밤이야
생각할수록 깃털처럼 날아간 세월, 안쓰러운 가슴으로 지나간 삶이 흐르고 있지

나는 아버지를 표절해서 이만큼 살았고
은행나무는 모목(母木)을 표절해서 수백 년을 살아오지
표절은 따스한 피의 흐름이야

고성능 안경으로도 볼 수 없는 것

안경에게 물었어
안개는 떠났는데
안경 속에 안개를 왜 붙들고 있느냐고
모두가 알 것 같지만 모두 모르는 척했지
달이 태양에게 형벌을 받아 멀리 떨어져 있다는 게
이상하냐고 안경이 되물었지
안개 낀 안경은 아무 상관 없다는 듯 동문서답이었어
태양은 맨몸을 풀어 안개를 말리는데
실존 앞에서 본질을 운운할 수 없었지
고성능 안경을 끼고 나를 한번 봐봐
안경은 우주로 바뀌고 안경 속에 안개는 바다가 되지
앞으론 안경을 말할 땐 우주라 읽어야 해
안개는 물론 바다일 테지만
다시 안경을 바꾸어야 해
또다시 우주를 보는 안경으로 바꾸어 끼고
안개를 움켜쥐고 있는 안경을 보았지 안개도 보았어

유레카!
지금껏 동원된 두 개의 안경이 동시에 유레카를 외쳤지
F-25ex 제트기보다 더 빠른 반응이야
후의 학문이 전대의 기록으로는 설명될 수 없지
소리로 적었으나 뜻으로 거세했으며
말하지 않음으로 깊었고 모름으로 앎을 칭송했지
고성능 안경으로도 보이지 않는 것은 에너지지
결국 안경은 보이지 않는 것을 보는 안경이었지
보이지 않는 곳에만 존재하는 것,
에너지란 우리의 밝은 눈이야
우주의 원리를 하나의 상수로 볼 수 있는 구구단
81방은 1x1=1로 시작되지
하나에서 하나를 곱해도 역시 하나라는 뜻이지
그래서 에너지는 다른 사물의 눈을 밝히는 안경이야

군상들을 보며 사람을 쪼인다

부처님은 밥을 적게 먹으면 몸에 좋다 하여 좋고
테스형은 악법도 법이라 하여 좋고
창조의 신은 사람은 참 좋다 하여 좋고
히틀러보다 더 무서웠던 아버지는 아빠라 좋고
나를 낳자 돌아가신 어머니는 엄마라 좋고
박건호 시인은 본인의 장례식에 참석한 모든 사람이 다 좋다 하여 좋은데

김순진 교수는 나의 선생이라 좋고
장웅상은 매사에 솔선수범해서 좋고
이덕수는 말보다 시를 잘 써서 좋고
이영순은 부처의 얼굴 같아서 좋고
정춘식은 부탁을 잘해서 좋고
권진숙은 나이팅게일 같아서 좋고
심순영은 플로렌스 같아서 좋고
양호인은 작아도 글이 매워서 좋고
이유준은 사람 차별 안 해서 좋고
이혜숙은 구 반장이라 좋고

장태숙은 나의 첫사랑 이름과 같아서 좋고
전옥정은 심심산곡 백합화 같아서 좋고
전주은은 자상한 엄마 같아서 좋고
황우정은 지성스러워서 좋고
김재숙은 돈을 쓸 줄 알아서 좋고
김가영은 악센트가 구수해서 좋고
이승영은 나의 시보다 내가 좋다 해서 좋고

나이 든 강위덕이 양지에 앉아 사람을 쪼이며
왈
아, 여기 사람들은 참 따뜻해서 좋다

손톱이라는 창문

유리 집에는 10개의 창문이 있어 이 창문들은 안에서 밖을 보는 창문이 아니라 밖에서 안을 보는 것이라 했어 망원경 같지 망원경은 성능이 좋을수록 밤하늘의 별들도 밝게 보이지 뭐 100년 전 사람에게는 유리가 많은 창문은 현대적이고 신비스러운 물체였지 골목에서 공놀이를 하다가 유리창을 깨트리면 혼쭐나는 세상이 100년이나 계속되었어 유리창은 있으나 없으나 똑같지 똑같다고 말하는 사람은 이 세상에서 가장 순진한 사람이야 이렇게 환한 유리창이 낮을 닫을 때 너는 밝음을 도둑맞는 거야

별이 자주 창문을 들여다볼수록 꿈은 자라지 참 신기해 하수구가 고장이 나면 항상 떠 있던 하얀 반달이 자취를 감추어 버려 창문은 매끈하고 둥근 천문대처럼 아름다워야 해 이 창문에는 365개[3]의 안테나가 있어 우주에 떠 있는 365개의 사이버와 교신하지 이쯤 되면 눈치를 챘을지 몰라 내 몸에도 열 개의 창문이 있어 손톱은 우리의 건강을 들여다보는 창문이야 눈은 마음의 창문이고 손톱은 건강의 창문이지 그런데 요즘 눈과 손톱마저 가짜인 사람이 많아 안경과 콘텍트렌즈가 생겨나면서 마음의 창이 닫힌 사람이 많아졌어 골목마다 네일아트점이 생기고 인조손톱이 생겨난 이

3) 1년의 하루를 1개의 창문으로 봄

후부터의 건강은 모두 가짜야 할퀴고 싶은 것은 거짓과 불신이 아니라 가짜 얼굴이야 가면을 할퀴어 벗기고 싶어

네일살롱을 해서 돈을 벌어 집을 산 사람도 있어 핸디캡이 있는 여자가 화장을 두껍게 하듯 가짜 손톱이 있는 사람은 내장도 가짜야 아 그래서 고문 기술자들은 가짜 속, 가짜의 진실을 파내기 위해 손톱을 고문하지 손톱고문은 최악이야 천천히 송곳 끝을 손톱 속에 집어넣어 파헤치지 파르르 떨며 흘러나오는 파장, 고문기술자는 판독기술자라야 해 댄스에 젖은 소녀가 슬픈 얼굴로 걸어가고 있어 곡선을 직선으로 이행하는 목은 고독한 내부의 응집을 감지하지 시인들은 파장 속에 흘러나오는 거짓들을 판독하지 시인들은 이 파장을 슬픔이라 부르지 슬픔은 죽은 자식 불알 만지듯 애절한 것이야 다섯 개의 가시가 달린 별에 게 찔려 슬퍼하는 보름달의 헛배 같지 시인은 고문기술자들처럼 손톱 속을 파헤치며 애절한 시를 쓰지 눈을 감으면 눈물이 주르르 흘러 가난한 자의 옆구리에 철썩 달라붙는 안개 속이라야 아름다운 시가 나오는 거야

문패

살아있는 자들은 집이 있지만
죽어있는 자들도 집이 있습니다
살아 있는 자들은 문패가 작지만
죽은 자들은 문패가 큽니다
터를 잡고 사는 자들은 집이 있지만
방랑하는 자들도 집이 있습니다
미로의 중심은 산이 집이고 바위가 집인데
뒤뜰에는 산새 울고 들꽃 피는 소리가 다소곳이 들립니다
대문도 없고 문패도 없지만
가난한 자의 열린 집은 대낮같이 밝습니다
집안은 없는 자의 고독이 켜켜이 쌓여
밤에도 빛나는 구술처럼 반딧불처럼
외로움이 반짝입니다
몸 없는 바람처럼
마음 없는 구름처럼
방랑자의 집에는 문패가 없습니다

정(情)

정(情), 우리나라 말이다 우리나라 말에 이런 말이 있었다니 사랑한단 말처럼 속되지도 않고 좋아한단 말처럼 되바라지지도, 가볍지도 않다 정(情), 단풍이 물들듯 깊고 은은하게 마음을 타고 천천히 물들어 갈 즈음 정의 아랫도리에 손을 넣어 창조의 이야기를 끄집어내려니 깊숙한 손끝에 용암 같은 것이 물크덩 씹힌다 시간과 공간을 구별하기 힘든 절묘한 통로 같다 고독으로 가는 끝의 헛것, 그곳에 이르는 정점의 길 수백 리를 수렴해도 손끝의 슬픔이 살가운 노리개처럼 안으로 파고든다 낙엽은 떨어지면서 가을을 탓하지 않듯 찢어져 덜컥대는 마음의 상처를 고독이 꿰매고 있다

씨

말에 씨가 된다는 말이 있습니다
어디 말에만 씨가 있겠습니까
그림에도 "씨"가 있습니다
나는 그림을 완성하여 사회에 내놓을 때마다
씨를 뿌리는 것이라고 생각합니다
한마디 뱉어낸 말 한마디가 씨가 되듯이 말입니다

아! 저… 씨
'아!'는 감탄사이구요
"저"
씨를 대신하는 정관사,
본래는 정관사와 명사 중간에
,(쉼표)를 붙였습니다
쉼표 앞 단어는 대명사이고
쉼표 뒤에 명사는 원조입니다
뒤에 것이 진짜라는 뜻입니다
관사가 붙지 않으면

전연 다른 뜻이 될 수도 있습니다
식물의 씨가 될 수도 있고
동물의 씨가 될 수도 있습니다
그래서 아! 저 씨
아저씨입니다
아! 주머니
이번에는 주머니 이야기입니다
주머니 앞에도 감탄사가 있네요
아!
주머니 앞에 감탄사입니다
무슨 주머니이기에 감탄사가 있을까요
아저씨의 씨를 받아 새 생명을 만들어내는 주머니

그래서 아저씨와 아주머니는
씨와 주머니의 기막힌 원론입니다,
내가 그린 그림은 씨입니다
세상만사가 그러하듯이 씨는 주머니를 찾아다닙니다
세상에서 제일 불쌍한 예술가는 자기의 그림이 수용될
장소가 없는 예술가입니다
이번엔 맨해튼 이야기를 해보려구요

미국의 수도는 워싱턴, 다시 말해
세계의 수도는 맨해튼입니다
미국 현지 사람들은 맨해튼이라고 발음한답니다

맨해튼 다운타운에
'다운타운 아티스트'들이 운집하여 살고 있습니다
그들은 실력도 있고 학력도 있지만
그들은 사회를 등지고 살고 있습니다
그림 한 장 그려놓고
한 달을 놀고 먹습니다
펴마시기도 하고, 찌르기도 합니다
그들은 외부의 시선에 아랑곳하지 않습니다
씨는 있는데 주머니를 거절합니다
물론 객관성은 없지만
자기의 작품이 세계의 명작입니다
자기의 작품이 세계의 명작입니다

주머니를 거절하는 씨!
그러나 나는 주머니를 찾습니다
사건보다 중대한 것은 해설입니다

광고문

씨를 받아가세요
나의 씨를 품어줄 주머니를 찾습니다

강위덕종합예술박물관 주인 백

화룡점정

팔순 넘긴 내 나이에 자신 만만한 피의 화룡점정
그림을 그릴 때는 =해독할 수 없는 보이저 코드
작곡을 할 때는 저 멀리 달아나는 소리를 잡아당기는 전자 발찌
시를 쓸 때는 소녀만 사는 유령의 마을에 둥둥 떠다닌다

호랑이가 한 번에 쥐 만 마리 움켜잡으려는
과속 페달의 열정으로 열 바퀴를 구른다

2부

최초의 여자 하와

은빛 구

은빛 구, 달이 뜨면 피어나는 달 마음처럼
모양이 동그랗다
바람은 고통의 순간을 수제비 구름처럼 몰려다니고
기포 속 은빛 바람은
깊은 바다에서 별이 되어 반짝인다
하늘과 땅 아래서 바람을 옷 입은
은빛 구,
그 속에 시를 생각하면 생은 얼마나 뜨거운 것인가
땀방울로 바다를 채워도
공허한 진실은 시를 보듬고 헤엄쳐 오른다
덩달아 하늘도 낮게낮게 내려온다

고혈압 시대

인적 드믄 말초신경 골목길에 초겨울 찬바람이 인다
모세 혈관이 막히자 툇마루 같은 무릎에 수금하러 온 시린 냉기가
연체료 붙은 고지서처럼 무겁게 걸터앉는다
퀭한 모세 혈관이 심부전증으로 서리를 맞고 있다

S-O-S- 콜레스테롤이 혈로를 막고 있다
이곳은 온통 냉온방 장치가 차단되어 중풍 든 마비 상태이다

심장은 수로를 뚫어내려 혈압을 올린다
160, 180, 200을 넘더니 210이 획 넘어선다 안타깝다
심실세동이 가볍게 떨더니 감지형 심박이 기능을 상실한다
심방근이 균형을 잃어 빨래를 비틀 듯 근육을 짜내기 전에 혈액을 차내지 못한다
으으윽, 외마디 悲號, 최선을 다하던 심장이 순교의 반열에 오르다

피 흐르는 육체의 윤곽을 덮어 지우면서 평생 심장을 혹사한
월세 밀린 한 인생이 영원한 죽음으로 빠져들고 있다

최초의 여자 하와

여자는 기호학적 사유를 가진다
누드에 비친 의식,
그것은 자동사가 아니라 타동사적 기호다
선악과의 효험으로 자기를 찾아 나서고
죽으리라고 한 하나님의 지피에스를 손금의 명줄로 대체한다
파르메니데스의 있음은 있음이며 없음은 없음이라는 진리를 구축하며
차이 없는 동일성, 그것보다는
차라리 환경의 색깔이 자기의 색깔이다
투명한 물과 같이

그럼에도 누드는 흠모의 대상이다

The first woman, Eve

Women exist within semiotic reasons
Their sense of Nude, is not intransitive but transitive
In their search for self the influences of the tree of knowledge has replaced God's GPS Guiding them towards death, and denying the life-lines God has impressed into the palms of their hands
Truths based on Parmenides' teachings, "Being is being and nothing is nothing" Claiming the color of their surroundings but overlooking the sameness without difference Like the transparency of water, nudity is an object of much desire

삶

살아가기 위해 사람이 이리로 오고 저리로 간다
그래서 삶이라 쓴다

두 사람이 맞부딪친 사람끼리,
사람과 사람이 사람 속에 들어갔다 나왔다고 뒤돌아본다
빗발 들이치는 틈새 사이로
저, 아득한 두근거리는 소리
그래서 삶이라 쓴다

하늘은 다 헤진 걸레 구름을 입고
땅 위에 비를 내려 기화요초에 꿈을 키우듯
사람이 사람한테
몸 속속 지구 반대쪽으로 물꼬를 튼다
그래서 삶이라 쓴다

겁내면서 노리면서 바람이 벗어놓은 알몸에

톡,
접시꽃 뿌리를 클릭한다 내가 할 수 있는 것은 이것뿐이라서,
그래서 삶이라고 쓴다

서리 덮인 어깻죽지로
그믐밤을 떠돌던 방황,
추사체로 뻗친 길이다
누구의 눈물로도 녹지 않던 얼음장 길,
하늘이 내려준 찬바람, 그 길이다
알 발로 뜨겁게 녹여
자국자국 붉게붉게 물들여도
분명치 못한 정확성, 정확한 막연히 수묵화로 펼쳐진다
그래서 삶이라고 쓴다

물구나무 대통령 · 1

옛날 옛적 그런 옛날의 갑절이나 되는 옛날, 옛날과 옛날이 휘몰아칩니다 풍랑은 갈비뼈가 부러졌고 죽기로 작정한 여인이 풍랑 속으로 투신합니다 아래 쯤 남자로 뭉쳐진 콘크리트 바닥에 마음 끌고 내려가 항복을 받든지 아니면 만신창이로 뻗든지! 루프에 달린 중력, 엘큐지와 반대쪽에서 솟구쳐 오르는 남자의 냄새, 혼효(混淆)와 착종(錯綜), 측정이 어려운 5차선의 Bam에 휘말리자 정신을 잃었습니다 순간, 헛갈림의 여백과 잔상의 틈서리에 30여 성상 유랑하던 풍랑의 파편이 회오리 돌풍마냥 돌돌 말려 똬리가 됩니다 어느새 똬리에 받힌 지구를 이고 머리로 걸어갑니다 몸을 지탱하는 물구나무 여인을 보고 물결이 놀랍니다 이 순간은 모든 것이 멈춰 있습니다 빈 데서 빈 것 털어내는 소리, 남자가 저질로 놓은 물길, 뱃길, 무너진 강기슭, 뒤돌아 \볼 것 없는 자잘한 잡풀, 시답잖은 잔소리 따위는 치마의 주름 속에 숨켜 삭힙니다 한 개의 몸뚱이에 네 개의 손발이 있는 이유, 물구나무로 거리를 횡단해도 쏟아 지지 않는 것, 더듬이라더군 오! 괜찮지 백성들의 아픔을 감지하는 센서, 60이 넘어서야 흰 웨딩드레스를 입고 나이 반만년이 훽 넘어선 조국과 결혼하려 수채화물감 한 통을 조국에 선물합니다

조국이여 당신 앞에 흰 드레스를 입었습니다 마음껏 물들여주십시오

<

청혼을 받아들인 조국은 수채화물감을 물에 타서 신부의 머리에 떨어뜨립니다 물감은 하얀 드레스를 타고 흘러내리다가 젖가슴에서 멈춥니다 사랑의 소리는 적막보다 큽니다 여인의 물 좋은 피부가 아름답고 바다가 숨 쉬는 것 같이 잠결도 고운데 내 생각에 마른 대궁 가만히 와 흔드는 이, 뭐? 그 속에 목화토금수로 이어지는 상생이, 광화문 물결에 휘양 찬란한 귀얄무늬로 잠깁니다 협의(狹義)를 벗는 도마뱀이 휙 지나가듯 분파를 걱정하는 물감은 성해(性海)포를 입은 햇볕이였습니다

물구나무 대통령 · 2

말하는 호양나무를 본 적이 있다 풀 한 포기 볼 수 없는 모래사막에 외따로 2000년을 버티고 있다 햇살이 살짝 접혀 있는 저녁나절이 다가서면 호양나무는 타클라마칸 사막과 부부 관계를 맺은 듯 1000년을 살고 1000년을 죽는다 모래의 육체 속 임계지점에 이르는 오르가슴의 거리, 마당 방정식을 타고 사막의 몸속 10m 깊이의 세계를 조응할 때는 자장(磁場)을 뚫고 남과 북의 언어를 캐내고 있다

신기하고 신기하다 거기, 그 자리에 비유클리드 기하학 문체(文體)가 세월호였다가 창녀의 생리대였다가 까마귀 먹 숨 쉬듯 칙칙한 달의 살기 띤 서사적 고통이었다 그러다가 억만 년 전 여인의 실핏줄 같은 장맛비가 파란 천공의 문체를 풀며 마당 헌근이 텐서를 측량할 때는 환경에 따라 온도가 변하는 악어가 섧디 섧은 눈물을 적시고 있다

이켠, 헤르메스 고집불통이 낭창낭창 합쳐 통당(統黨) 만들어 손톱을 세우고

저켠, 프로메테우스 불행한 북녘 땅의 젊은 녀석, 원시적 새총놀이,

다시 이켠, 애벌레 꿈틀거리며 아킬레스건을 깨물어도 끄떡도 하지 않는 물구나무 대통령

불평하는 자에게는 간절한 바람이 있어서일 테고, 그것을 사수하라

원수의 잔 돌멩이는 약하기 때문에 힘센 척 울림짱 빵빵일 테고, 그것을 사수하라

화장을 짙게 하는 여인은 무엔가 핸디캡이 있어서일 테니, 그것을 사수하라
이게 웬일인가 호남이 조용하고 학생이 조용하고 통당(統黨)이 조용하다
순서대로 밀려 내려오는 알들의 차례가 조용하다
알 속에 꿈틀거리는 생명체 그것을 사수하라
사건을 마주하고 갈무리하는 방식, 현전을 통하는 방정식이 끊임없이 변신하고 있다 때로는 피고, 원고, 목격자, 증인, 혹은 검사가 되기도 하고 낭만적인 변호사가 되다가 차디찬 판사가 되기도 한다
수척한 기암과 괴석이 샅샅이 벼랑을 거느린다 그러기에 산세는 한결 머흐롭고 가파르다 새녘 하늘을 질러 막 솟구치는 채운 같다 이러한 화폭에 고원법, 심원법, 평원법, 그 외에도 파필법 발묵법을 두루 섞어 소재를 여러 시각에서 조명하는 그 화법, 거리를 두고 공들여 그려나가는 그림, 아직도 미완성이다

* 정치 1년이 천 년과 같음

산

커다란 산이 나비처럼 안개 위를 날고 있다
어릴 때의 꿈처럼 산이 가볍다

자세히 들여다보면 계곡 따라 물소리 엄하고 산은 폭포가 되어 쏟아지고 있다 나뭇잎 하나가 아무 기척도 없이 날고 있다 천 년이 가고 다시 남은 세월이 몇 번이고 세상을 뒤엎었음에도 흐르는 물에 발을 담근 커다란 산, 햇빛 가린 그늘 속에 몸 다 가려도 남은 그리움 위에 햇살이 소복이 쌓인다 바람이 불고 석양이 다가온다 석양은 아름다워도 잠시 후면 사라질 것을⋯ 어둠에 밀려 절벽에 발을 헛디딘 시간은 사람들이 잠든 사이 산에 물을 만들고 아침을 뱉어 낸다 부끄러운 어둠에 얼굴을 쑥 문대니 땀 냄새 몸 냄새가 시간에 젖는다

날이 밝으니 커다란 산 어깨에 우주가 걸린다 산이 가볍다
메마른 관절에 걸린 내 몸도 가볍다

지워지지 않는 친구의 영전에

당신과 나는 먼 곳과 가까운 곳에서 생겨납니다 죽었던 사람이 살아나는 소리를 서슴없이 내기도 합니다 소리에 놀란 가랑잎 하나가 깊은 생각 속으로 떨어집니다 가랑잎이라니 이리 밀리고 저리 밀리다 어느 고즈넉한 곳에서 보금자리를 찾는가 싶더니 푹푹 더운 김을 내며 썩어갑니다 저 말, 천 년 바깥에서 들리던 그곳은 아직도 해가 쨍쨍한 대낮인데 그믐밤 안쪽에는 이생과 저승의 경계선이 보였다 말았다합니다 시간의 지렛대가 경계선을 받힙니다 벤치에 앉았다가 사라진 궁둥이의 환한 자리를 보는 것 같아 설마설마하며 적막을 뒤지는데 가슴 언저리가 만져집니다

지금도 그의 가슴 언저리가 만져집니다

당신의 귀가 동굴처럼 어둡습니다 이쪽 귀에서 저쪽으로 통하는 귀를 찢어내는 기찻소리가 털커덩거려도 동문서답입니다 당신의 통로에 문이 닫혀 기찻길 아래 소음의 힘으로 몸을 밀어 넣습니다 남아있는 소음들의 무덤을 지나 꼼짝하지 못하는 이곳은 당신의 축축한 입천장은 귀로 통하는 비상구입니다 방금 나로호에서 보낸 지구의 공전하는 소리가 동시에 섞여 들리는 소음이 파일을 보내왔지만 이곳은 지금도 불통입니다 귀는 결말이 없습니다 솔직하게 드러나 바둑의 표정을 볼 수 없는 것이 얼굴입니다

살쾡이

1

갑자기 태양이 도망을 갔다 태양을 바라보고 살던 살쾡이의 속눈썹차양에 걱정이 뚝뚝 떨어진다 태양은 도망갔지만 혹독한 추위와 어두움이 살쾡이의 귀에 닿기는 8분 17초, 걸릴 것이다 도스토옙스키가 사형집행 전 마지막 5분을 설계했던 것처럼 살쾡이는 시간을 보지 않고 시간과 시간 사이를 확대하고 있다 주어진 시간을 축 늘려서 사는 데는 한계가 있는 듯 냉각기는 오래가지 않았다

2

해가 없는 빙하 속의 추위를 바라보자마자 실핏줄 고드름이 몸을 할퀸다 다리가 후들후들 떨리는 이유는 심장이 식어가는 소리다 눈물의 근원지가 얼어붙자 만 리 밖에서 불어오는 바람의 간절한 소리가 긴 강물의 탯줄을 얼음덩이로 만들고 살쾡이 모양의 돌기된 얼음덩이가 검정색 옷을 입는다

3

도스토옙스키가 사형집행 중지의 기적을 만나듯 가까스로 전쟁이 승리로 끝나자 살쾡이는 몸에 묻어 있는 얼음덩이를 털어낸다 돌아온 태양이 살쾡이의 눈에 이글거린다 태양이 돌아오자 지구는 몸을 돌리며 태양을 쪼인다

4

생기기는 순한 고양이 같고 호랑이보다 사나운 살쾡이는 인간 세상에 내려와 고양이와 외도를 한다 살쾡이의 씨를 받은 싱글 맘 고양이는 새끼살쾡이를 인간 세계의 안방에서 코페르니쿠스가 된다 그것도 모르고 난청의 귀는 궤도 밖에서 들려오는 굉음 때문에 해가 획 지나가는 소리를 듣지 못한다 그 틈새로 게릴라전법 바람이 행운의 이파리를 툭 따가지고 날아간다 한 개의 귀를 버리고서야 얻은 행운의 잎사귀를 얻는다

5

핏줄이 말라가고 있다 폐경이 노을을 쏟아내고 있다 구름의 운구 부엉이 떼가 주렁주렁 매달려 눅눅한 사투리를 뱉어낸다 장례식은 화려했다 갈바람이 차다고 녹색 다 모아 갈색 문을 닫고 누워도 갈까마귀처럼 땅을 떠서 둥둥 낮은 노을이 산길을 넘고 있다 볼로냐 숲의 나무들이 젖을 빨고 새벽을 노래하지만 시를 어쩌나 그때부터 시를 알았다 시를 앓았다 그때부터 홍조를 띈 구름의 운구를 알았다 황혼을 앓았다 죽음이 만발한 초저녁 환혼을 앓았다 무덤속의 주검이 헌근한 저녁에는 노을이 홍건하다

예고된 작별

거의 죽게 된 암환자를 알고 있다 실낱같다 실신에 잠긴 그가 꽃을 밀어내지만 꽃잎이 터져 나와서는 꽃잎이 주검을 빨아들인다 검은 언어의 혀가 꽃의 폭력에 시달리고 있다 환한 꽃으로도 칼날처럼 베어내던 언어가 이제는 힘을 잃고 있다 어둠이 가득한 꽃주머니에 손이 닫자 검은 꽃이 그물을 펼친다 이미지를 잡아먹는다 검은 공포가 염치없이 허공 쪽으로 쭉쭉 길을 잡아당겨서는 눈치껏 팔 벌리고 몸 낮춰 적당힌 허공을 견디며 허공의 무게를 가름한다 휘어지고 비틀어지고 시린 바람, 술렁이는 저곳, 저곳에 다다르기 전에 길목의 끝에 미리 와 있을 때가 진짜였다 나는 속기로 했다 기시감(旣視感) 여정에 오르는 저곳에 도달하면 이미 출발지에 와 버린 공허가 밀어닥칠 것이다 처음부터 처음인 이야기는 말 자체가 그곳이 된다는 얘긴 처음 듣는 말이지만 길옆에는 Welcome이란 사인(sign)이 보였다 말았다 한다 주검이 언어를 받아들이며 환영하고 있다

침몰하는 밤

최선을 다해 착해지고 싶다 안개 속에 한 톨의 안개가 되기 위해 착해지고 싶고 빗방울 속에 한 톨의 빗방울이 되기 위해 착해지고 싶고 내년에는 올해보다 더 고독하기 위해 착해지고 싶다 달팽이처럼 기어서 달까지 가고 싶은 날에는 나는 나를 나는 나를 또 덮는다 한 겹 덮을 때마다 어둠도 덮인다 어둠이 깊은 밤에 허공을 움켜쥐니 숨조차 멈추는 팽팽한 밤이 잡힌다 밤은 거기서부터 흘러 오래 흘렀고 닳았고 실 물줄기가 한 선분(線分)으로 바라보인다

여기에 겨우 이르고 고여서 손바닥을 펴니 손바닥에 밤이 고인다 오래된 면모는 화장이나 피부의 채색이 아니라 살결이 보이지 않는 밤이 보이고 그러므로 밤은 무게로 외친다

눈치꾸러기만 사는 애리조나

애리조나는 소한이 없다
120도 수은주가 더위를 타고 올라가도 말복이 없다
인적 끊긴 뜨거운 모래 위엔 낙타도 없다

소한의 온도에 눈금을 맞추어 운전을 하다가 차를 세워 맨발로 뛰어본다 차 안은 추운데 차 밖은 뜨겁다 미디안 광야 같다 천 년 화염에 휩싸여 발바닥에 화상을 입었다 그 화상으로 일주일 치료를 받았다 화상을 입혀놓고 어느 틈에 몸 밖으로 줄행랑치는 애리조나, 왜 그것도 몰랐느냐고 빤히 되묻는 눈빛에 눈치꾸러기가 눈치꾸러기에게 눈치꾸러기를 건네주고 있다

앙상한 마음

앙상한 나무들이 앙상한 겨울 숲을 붙들고 있다 그 위에 허공이 공평하게 엎질러진다 허공을 비집고 서리가 내리더니 저녁 무렵엔 눈이 내려 앙상한 숲들을 골고루 짓누른다 더하고 덜 한데가 없다 먼데 능선에서 가까운데 골짜기까지 공평하다 사방에 어둠이 깔린다 사방은 사방이라서 네 개의 다리가 있지만 갈기를 날리지 않는다 조용하다 도무지 말이 없다 한 말씀 기다리는 마리아의 성상 앞에 순례자 같다 사람 하나가 어둠을 찢으며 최초의 사람인 듯 눈길을 밟고 지나간다 그의 발자국이 패일 때마다 어두움이 담긴다 막막한 대지에 아무것도 아닌 것 같은 사람인데 도둑처럼 내 심장의 박동을 훔쳐간다 귀로 듣고 입으로 말하는 저 사람의 명치끝에 숨겨둔 울음주머니는 한없이 커지다가 작아져서는 소나무의 가슴에 압박붕대를 감고 있다

내 마음의 뒤태

여인이 내 옆을 지나간다 그의 뒷모습이 궁금하여 흘깃 뒤를 돌아다보니 그 여인의 뒤에도 풍경이 있다 불현듯 상식 뒤편을 상상해본다 한 걸음 뒤에 물러나 있으면 여인의 궁둥이처럼 이렇게 마음이 평안한 것을, 앞으로만 능숙했던 근육질, 승부의 핏발을 가라앉히고 마음 부대끼는 경계도 없는 뒤편의 풍경, 치렁치렁 머리칼은 어깨를 타고 개미처럼 잘록한 허리에서 멈추고 허리는 어기죽어기죽 문자를 보낸다 근심 밖으로 잠깐 튕겨 나가도 좋겠다 앞서 걸어간 해와 뒤 미쳐 당도한 달이 비척(肥瘠) 간에 얼룩 지우는 파문은 심금이겠다 곽란의 길보다 더 헝클린 꿈결을 건너와서 허리와 궁둥이 사이에서 기하학적으로 속삭이며 사향노루처럼 참 아름답게 앞서가고 있다

그 여인을 돌아서 보는 순간, 그 여인의 뒤편이 나의 정면이다

3부
물병에 담긴 바다

아득한 소리

요사이 잊혀진 얼굴들을 확인하는 버릇이 생겼다 아름다움과 슬픔이 교차된다 지금까지의 신성한 모험들과 거짓된 헛소문이 발기발기 찢긴다 마치 바이올린 소리가 지그재그로 공기를 찢는 것 같다 뻥 뚫린 적막이 사금파리 상처를 입고 흔하디흔한 순간이 비석처럼 패인다 애처롭고 아름답고 부박한 구름이 흥건하게 고인다 뭉게구름이 입술을 뭉개고 지나간다 구름이 외로우면 언제나 이렇게 입술을 적시고 속살을 적시고 대지를 적신다 일 년 전 하직한 친구가 흙의 속살을 매만지며 스며드는 비와 티격태격 하고 있다 한 발 내딛으면 미끄러지는 세상, 눈송이는 추울수록 서로를 끌어안고 대지를 덮는데 사람은 추울수록 살의 지문을 씹으며 지워지지 않는 원형에 골몰한다

구름은 비가 되어 아래로 내리는데 사람이 쏘아올린 기도! 이때 의식의 간절함은 몇 섬이나 될까 쏘아올린 기도에 천장이 뻥 뚫린다 난로 연통을 뽑아낸 자리 같다 장작이든 톱밥이든 불길을 둘러싼 가난한 기도, 손바닥 쪼이면 등 시린 찬 기운이 구름처럼 장삼이사 사라질 뿐 연기에 그을린 것 말고는 남는 게 없다 구름을 본다고 구름이 자세를 바꾸지 않는다

달의 속살

달은 지구를 중심으로 반듯하게 공존하지 않는다 수없이 흔들리며 뒤척이고 부단한 떨림으로 조금씩조금씩 숨은 뒷면을 드러낸다 지금껏 달의 뒷면이 공개된 것은 눈곱 만큼에 불과하지만 그 미세한 들어남 속에 예상치 못한 사건이 일어난다 경계선이 붕괴된다 쑥부쟁이 피그미 풀 뭉개지듯 쟁반 같은 달의 모서리가 뭉그러진다 등 돌리고 살짝 내비치는 여인의 살결 같고 달의 위대한 힘으로 쑥 빠져나간 해변의 속살 같다

오늘이 며칠이더냐

질겅질겅 별들에 씹히는 그믐이 다가오면 두 손으로 움켜낼 만큼 오목한 저 반달의 실루엣, 양손에 천 근도 넘을 바위를 든 뉴턴이 숨겨진 동쪽 바다에서 유유히 헤엄을 즐기고 있다

숨바꼭질

우리 집에는 숨바꼭질하는 하나님이 살고 있습니다 내 안경 숨겨놓고 숨바꼭질하자고 보챕니다

무궁화꽃이 피었습니다 무궁화꽃이 피었습니다

하나님은 안경을 숨겨놓고 자기도 꼭꼭 숨었습니다 평소에 투정만 하시던 하나님은 종내 안경을 숨겨버렸습니다 나의 3D 프로그레시브 안경은 황금이 먼저 보이고 하나님은 희미하게 보입니다 팔을 뻗어 닿을만한 거리에는 언제나 이생의 자랑이 먼저 보입니다 하나님은 자기를 희미하게 보는 술래가 속상했습니다 쑥갓 꽃망울처럼 안경을 잃은 울적한 눈은 옛날 끼고 다니던 소쿠리처럼 울컹, 깊어집니다 천만 개의 숟가락이 한 냄비에 덤비듯 꿀꿀거리고 덜그럭대며 안경을 찾았지만 허탕입니다 안경 너머 산뜻하게 보이던 색깔이 이제는 소쿠리처럼 입을 쩍 벌린 불도저가 되어 이쪽으로 걸어옵니다 깍쟁이같이 똑 떨어진 사람보다야 뚜껑이 없어서 목구멍 밖으로 메아리처럼 되감기는 우악스런 불도저가 내가 찾는 하나님 같아 마음에 듭니다 저고리 앞섶을 풀어헤치듯 연하게 끌어당기는 또 다른 나의 나, 여기까지 생각하는 동안 불도저는 내가 아닌 다른 곳으로 방향을 잡고 있었습니다 저벅저벅 실망한 저녁나절엔 슬픔이 소쿠리처럼 움푹한 가슴이 되어 돌아옵니다

못찾겠다 꾀꼬리 못찾겠다 꾀꼬리

술래는 안경찾기를 포기하였습니다 이번에는 하나님이 술래입니다 꼭꼭 숨었습니다 나를 찾지 못한 하나님은 이천 여 성상 아다마4)를 밟으며 시간 속에 귀속된 생과 사(生死)의 밖에서, 꽃씨가 터지듯 어둠을 난도질하는 퀼트조명이 춤꾼들을 광란으로 몰아붙입니다 신은 그 속으로 달려가 궁극에 이른 변용의 정점에서 월 플라워5)를 꽃피웁니다 이쪽은 아직도 이쪽인데 벽에 핀 꽃은 아직도 끝나지 않은 하늘의 그림자가 되어 벽에 기대어 서 있습니다 그의 얼굴은 맑았다가 개었다가 어떤 때는 구름꼬리에 물리고 있습니다

---

4) 아다마: 히브리어로 흙을 말한다

5) 월 플라워(wall flower): 'Time'지의 신조어인데 댄스홀에서 춤을 출 줄 모르는 아가씨가 벽에 기대어 서서 동료들의 춤 구경만을 하며 서 있는 여성을 말한다. 신과 인간 사이의 긴 숨바꼭질에서 급기야는 하나님께 붙잡혀야 구원 받을 것인데, 춤꾼들은 어둠 속에서 스텝을 밟으며 조명과 더불어 빙빙 돌기만 한다. 술래가 된 wall flower는 그대로 서 있다. 벌써 신과 인간과의 숨바꼭질의 역사는 매우 오래되었다.

한 많은 여인

말없이 그림자처럼 살아온 여인이 있습니다 남편과 사별하자 보일 듯 말 듯 보이지 않던 슬픔이 이제는 그림자가 되어 나타납니다 목을 길게 빼고 산을 넘던 가느다란 그림자도 침묵을 일관하며 뒤따릅니다 껴안을 수도 없는, 구멍이 숭숭 뚫린 허전한 마음도 연실 독방 같은 몸에 밀 씨알들처럼 꿈틀꿈틀 아프게 깨어납니다 서러움도 북받쳐 깨어납니다 노을이 번질 때 30방(方) 36계(界)에 날아다니던 공(空)도 여인의 동자 속으로 걸어 들어옵니다 새가 떠난 자리에 허공이 흔들리고 족제비 털 같은 노을이 너덜너덜해진 여인의 마음을 기워주고 있습니다

요술망원경

빨강색 파랑색에 끼어든 노란색이 훌라춤 옷자락에 액세서리처럼 나부낀다
기억에서 사라진 나의 부스러기들도
물감을 찍어 그려 내려간 꽃무늬가 햇살을 받아 무지개를 피우며
훌라춤이 읽다만 꼬깃꼬깃한 암호를 해독하고 있다
돌짝도 흙덩이도 부서진 사금파리도
알록달록 색깔이 엉켜 울퉁불퉁했던 나의 유년기
요술망원경의 앞뒤에는 눈뜨면 닿는 다정한 떨림이 마주 보고 있다
눈물 한 방울 떨어뜨리자 흐르는 마음 외줄 타고 걸어오고
바다 같은 눈동자엔 신비한 꽃이 핀다

여자論

나도 한때는 여자였다
여자의 반열에 줄을 서고
여자의 목욕실에서 목욕했다
언제나 여자의 화장실을 선택했다
여자의 피부의 한 조직이 되어 그렇게 살아왔다
그 후
1939년 3월 31일
남자로 태어났다
그때는 상실에 관한 시를 읊었다
남자로 태어난 지 어언 80여 년,
줄곧 남자로 살았다
남자의 행세로 아들과 딸을 낳았다
호모 크레아트라
얼굴로 쏟아지는 물줄기는
다시 여자라는 제목의 일기가 일렬 번호로 나열된다
남자가 멀어져간다

바람을 파는 흑인 소녀

바람을 포장한 풍선
색깔이 다양하다
파랑 빨강 노랑 그리고 하얀색
하얀색은 까만 흑인 소녀의 소원이라 했다
삼원색을 다 가지고도
삼원색을 다 빼버린
까만 소녀의
하얀 소원
저쪽 별똥별 꼬리에 소원 매달 듯
하얀 풍선에 매달고 있다

'바람을 팝니다'

뿌리

계곡에 가서 하늘을 찌르는 기암절벽의 뿌리를 보고 왔지
그 뿌리가 물을 깨고 들어가
하르르 흔들리는 아득한 그리움 밑에서 신음하고 있었지
강의 발원지에서 핏줄에 담긴 뿌리들은
거친 바위 하나 붙잡고 피를 토하고 있었지
남으로 흐르는 물살에 발맞추려
북으로 흐르는 뭉게구름 밀림에 칼질하며 전진하는데
강적을 만나 버티는 짐승처럼
사나운 이빨 자국 통증으로 지쳐 있었지
평생 물 위에 발기되어 버티던 기가
한순간 숨이 멈춰버린 늙은 오입 꾼처럼
하류를 향해 반음씩 낮은음을 짚어가는 실뿌리 되어
설움을 쓸어 담고 있는 여인이 있었지
그것은 한번을 잘 숨기 위해 99번을 들키는 구름의 한심한 눈물과 비교하면
들키려 해도 들키지 못하는 뿌리의 오래된 실수
수수 억 년 벼르던 예각의 날쌘 칼날 같은 절벽의 뿌리,
이제는 쭈그리고 앉아 영원히 제련한 黃金 詩의 문장을 읊고 있었지!

자존심 하나

고상한 이미지로 공손하게 허리를 굽혀도
겸손의 값은 허리의 각도가 아니라 하네
평생 쌓아 올린 자존심으로 세차게 어금니를 물어도
그 사람에게는 이미지가 찍혀 있어 바꿀 수 없는 값이 매겨져 있다 하네
자리 바꿔 앉기 놀이나 하자는 듯 자리를 바꿔 타기 위해
벼랑을 타고 올라 아슬한 아래를 내려다보고 있다 해도
마음 놓으면 벼랑 아래로 곤두박질할 것 같아
모래의 심장을 껴안은 숨결처럼 덜컹 무서워진다

허공에 걸린 마음

산 너머 태양이 넘어가듯
오른쪽 어깨 위로 여인의 머리가 넘어간다
그 뒤를 따라 우주의 물상들이 스쳐 지나간다
지상에 있는 모든 것들이 우주에 걸리니
층층 계단이 지워지고 동네길 모서리가 지워진다
청소부도 지워진다
누군가가 툭 부러뜨린 마음자리에 허공이 떠 있고 별이 번쩍인다
별 떨어지는 밤하늘은 바람이 비리다 아득하다
미열을 가리는 은하수와 함께 점점 내 마음에 우주가 지나간다

시간의 마디

종일
대나무가 하늘을 향하여 마디를 세고 있다
마디마다 얇은 고막은 바람에 귀를 열고
뿌리에서 뽑아 올린 수액은
물오르는 길 따라 파문의 문양을 새긴다
족제비 털 같은 햇살을 받으며
모든 인간의 연약함이 아래로 흐르는데
가장 섬세한 공간을 벌리고 삐져나온 마디가
사람들을 향하여 말을 걸어온다
군말 따윈 버린 지 오래인 듯

초록빛 짙은 저 직필들!
허공에 움찔 솟는다

탁 정승

서해안 외딴 오두막
천자문 읽는 소리가 문풍지를 흔들 듯
임금의 행렬을 흔들었다 하네
임금은 탁을 불러
궁중 공부를 시키니
훗날 정승이 되었다네

정승이 된 후
한 달에 한 번 옛집으로 다녀갔다 하는데
재산 은익 오해로 귀양살이를 갔다 하네
그것도 모자라 대신들의 상소문에 시달려
사약을 받을 지경에 놓였다 하는데
왕은 탁 정승의 사람됨이 아까워 현장 검증을 했다네
옛 오막살이엔 굳게 잠긴 자물통 하나
문을 여니 헌 누더기 한 벌 방 한가운데 있었다네
그것은 탁 정승의 생(生)
늙은 달팽이가 가던 길 가듯

이파리가 있으면 넘어서 가고
비가 오면 휩쓸려 떠내려가듯
일생을 그렇게 누더기를 걸친 심령으로 살았다네

임금의 눈에 후드득 눈물 한 방울,
염소 똥 같다네

실낙원

아담이 창조되던 날 산소 호흡기의 튜브가 코에 삽입되던 날 창조의 신은 늑골에 창을 찔러 아담을 잠재웠네 농부가 지나간 이랑마다 정전기일듯 늑골에서 흘러나온 물과 피에 섬광이 일었네 급하게 열었네 봉합한 옆구리엔 볼트 몇 개가 갈빗대로 빚어진 여인의 몽롱한 의식 속으로 흘러갔네 고압 전류에 감전된 짐승처럼 부르르 박동이 일든 심장 위에 두 개의 봉우리가 활화산처럼 솟았네

여기로부터 다시 험하네

아담과 하와는 일생 동안 노동과 산고, 거센 물살에 떠밀려 치고 받히며 만신창이로 구르다 어느 고즈넉한 양지에 늑골을 하늘로 향한 채 잠들었네 거기 약 30대 초반의 한 사내가 무덤 위에 서서 말하기를 나도 너처럼 늑골에 창을 맞아 잠들었네 그 후 양팔 벌린 십자가 모양의 그림자가 무덤 위를 떠나지 않았네

양의 한 생애가 용해되고 있다

양이 여우에게 이끌려간다
여우는 양의 탈을 썼으므로
양이 속고 따른다
자연은 표면적이라기보다는 내면적인데
양은 그것을 모르고 사는 듯하다
앞에서 미소, 뒤에서 덮치는 여우에게 양은 미소로 받아들이고
결국 여우의 위장에서 분출되는 점액질에 용해되어
그 후부터는 양이라고 생각했던 것들이 여우가 되고
양의 귀로 듣던 바위의 고동소리, 물방울 구르는 소리가
스멀스멀 양의 전생을 깨우려 해도
이제는 다 여우의 이소골(耳小骨)을 진동시킬 뿐
양의 지난하던 한 생애가 말갛게 용해되고 있다

어느 바보가 포착한 천체

별이 몇 억 광년 날아와 물항아리에 갇혀 있다
뛰어내리면 가닿을 것 같은 별들마다
형광등 눈빛의 푸릇한 그늘 같다
육체를 이탈한 영혼들처럼
아름다운 통각(統覺)과 영원의 귀결을 풀 수 없어
항아리에 대고 말을 걸어본다
항아리가 옹알이한다
옹알이는 의미도 무의미도 다 통하는 것인지
살 속 깊이 박혀있는 사금파리 질문들이 쏟아지고 있다
천체를 관찰하던 바보의 눈이 반짝인다

DR→SA+SA'[6)]

---

6) DR(慾動)→ SA(시니피앙=기호, 라캉의 해방시학) = 젖가슴이라 해두자. 젖가슴의 시니피앙은 젖먹이 젖가슴인지, 사랑의 젖가슴인지, 불분명하기 때문에 시니피앙은 慾動한다. 나는 내가 아니라 언어가 만든 시니피앙이다. 이것을 선불교에서는 무아 해방이라 했고, 기독교에서는 너는 너가 아니라 네 속에 존재하는 신이라 했고, 인체과학은 염기서열에 총총 박혀있는 억 겹의 문자(언어) 속에 살아있는 유령이라 했다.(a ghost of DNA) 아는 것을 쓰는 것은 시가 아니듯 이 慾動은 詩의 사명이다.

<

산자락에 숨겨놓은 절벽처럼
초침이 재깍이며 별들을 썰어낸다
도려낸 자국 따라 느닷없이 나타난 흑암절벽,
그 끝 따라 하늘을 바라보니
억 광년이 빠져나간 밤하늘은 텅 빈 항아리 속처럼 뻥 뚫려있다
어느새 원주율의 π에 감전된 별들,
단 몇 초의 순간, 벌써 높은 하늘에 총총 박혀있다

바보의 눈에도 총총 별들이 박힌다

짧은 인연

오랜만에 버스를 탔다 졸음이 눈꺼풀을 스치고 지나가듯 버스는 시가지를 미끄러지듯 스치고 지나갔다 새로 승차한 어떤 여인이 내 옆에 앉더니 피곤한 듯 금방 잠이 들었다 나도 잠이 들었다 버스 안에서 남자와 여자가 한 의자에 앉아 함께 잤다 깨어보니 종점이다 그런데 그 여인의 머리가 나의 왼쪽 어깨를 꼭 잠그고 있다 열쇠로 자물통을 열어 그 여인의 머리를 짝 들어올렸다 둘은 함께 버스에서 내렸다 그 여인은 나의 뺨에 키스를 하고는 유유히 사라졌다 잠자는 동안만 함께 있다가 깨어나자 헤어지는 인연도 삶의 한 토막인가 싶었다

종이배

다 헤진 일기장을 접어 만든 종이배가
콜로라도의 강을 타고 굽이칩니다
인간 세계가 싫어 등을 돌린 지 오래된 영혼처럼
한 맺힌 숨결을 끌어안고 굽이굽이 계곡 따라 굽이칩니다

제2차 세계대전에 몸살 앓은 하늘들,
한국전쟁에서 폭격 맞은 구름을 몰고
그랜드캐넌의 금 간 바위틈에 얽힌 사연들처럼
생의 슬픔을 끌어안고 굽이칩니다

생각이 무거운 문장들 컴컴하게 굽이칩니다
폐허가 된 교회의 종각처럼 적막도 굽이칩니다
먹장어둠 똘똘 묻힌 붓처럼
차고 날카로운 비바람과 살을 섞으며 굽이칩니다

모닥불

낙서로도 몇 마리의 물고기를 허탕 치게 하는 재주는 없으나 모닥불 앞에서 몇 십 년을 허공으로 오른 다음에야 담장 옆 모닥불을 피우는 것을 배웠다 쓰자마자 지워지는 저만 아는 낙서 경전, 지우고 또 지우는 마음이 모닥불에 타오르고 있지만 생선 몇 마리가 갈릴리 호수에 얼비쳐 흐른다 잠 못 이루는 통증처럼 사이버에 입력된 닭 우는 소리가 참을 수 없이 비릿한 풍경을 붙잡고, 미륵처럼 오롯하게 한 걸음의 말도 내놓지 않고 잔혹한 말들의 세월을 견디게 한다 겨울의 구들방에 매주를 매달고 긴긴 겨울을 날밤으로 세워 봄을 일으키듯 새벽을 깨우는 시퀀스의 닭소리가 마음속에 들어와 모닥불을 지핀다 아직도 땅거미가 새벽을 견디고 법조문처럼 시선에 꽂힌 베드로와 예수가 밀폐된 갈릴리 호수 속으로 하역되고 있다 모닥불을 분비하여 새벽으로 가는 어둑어둑한 침묵 위에 천국의 방언 사랑, 사랑, 사랑

세 번 저주했던 모닥불 앞
세 번 사랑했던 모닥불 앞

그곳에서 일생을 담은 모닥불이 마른하늘을 환수한다 주님과 함께 물고기를 굽고 있는 동안 세계를 더듬는 밑줄이 길을 내고 있다 그 길은 분명 물구나무의 길인 것을,

소나무

바위와 바위 사이
바위처럼 변해 있는 소나무 한 그루 서 있다
마치 돌의 몸이 기억하는 어떤 기호가
나무이면서 바위에 접골돼 바위의 척추가 된 듯
대체 얼마나 오랜 세월 바위에 끼어있으면 저런 무늬를 띠는 것인지
200년도 넘었을 조선 왕조 때
두 개의 바위는 본래 한 개의 바위였다
소나무 씨알 하나 이 바위에 떨어져
소나무로 자라 뿌리를 내리고
그 질긴 근(根)가락으로 그 큰 바위를 두 개로 쪼개었다
이제는 바위와 바위 사이 그 부조(浮彫)는 암각화(岩刻畵) 같지만
내재율의 두근거림이
동계(動悸)의 물결처럼 그렇게 흐르고 있다

애리조나의 사막

애리조나의 사막은 모래로 된 바다 같다
아편 냄새 풍기는 햇살이
바다의 은유에 깊이 천착한다
네이멍구7)에서 날아온 황사가 햇살의 알갱이를 싣고
어디론가 온 힘을 다해 사막을 끌고 간다
연둣빛 우거진 수평선 끝으로 노 젓는 소리가
억 천의 모래알을 가동시킨다
모래알이 베어링처럼 바람에 쓸린다

젊은 날의 알갱이를 다 적시고도 남을
외로움도 바람에 쓸린다

---

7) 쿠부치 사막과 함께 황사의 발원지

물병에 담긴 바다

고장 난 가로등처럼 길 모서리에 사내가 서 있다
그 어깨엔 사막을 건너온 바람 냄새가 난다
잃은 개를 찾는 광고처럼
그의 가슴엔 전단지가 붙어 있다

homeless hungry help

지나던 여인이 물 한 병을 건네자
그 사내는 마개를 따서 꿀꺽꿀꺽 두어 모금 마시더니
머리 꼭대기에 대고 물을 쏟는다
메말랐던 온몸의 지느러미에 물의 감촉이 흐른다
그는 지금 바닷속으로 다이빙하고 있다
꼬리지느러미를 활발히 흔들며
언어(言語) 이전으로 헤엄친다
흐늘거리는 랜덤함수가 궤도를 이탈한다
일으켜 세울 수 없는 뿌리 약한 숨소리가
수식이 필요 없는 <무>의 소멸과 맞닿아 있다

언덕

나지막한 산마루 언덕
상처 입은 여인이 숲 문을 열고 들어가
하나둘 바람을 세고 있다
습기 찬 해자(垓字)에는
요철(凹凸) 모양의 번제단이 할례를 받고
달마다 혈흔 같은 동백꽃 피우는데
꽃향기 흩뿌리는 두 개의 언덕 사이
인간의 원초적 욕망이 서려 있는 축축한 늪 따라
낮은 땅은 허물어지고 극도의 오르가슴이 범람하고 있다

흔들리면서도 끝내 굴절하지 않는 토요일 밤이여!
생명을 고고하게 불태우며
주홍빛 불끈 세워 신생의 손금을 새기던 골고다의 언덕이
정(精)과 란(卵)의 새 출발을 이야기하고 있다

4부

애리조나의 봄

사연을 실은 겨울 해변

기어이 끊어낼 수 없었던 죄의 탯줄을 깊은 땅에 묻고 돌아선 날의 기억들처럼 찬서리를 기억해내는 막막한 벌판에 겨울의 밤이 열리고 있습니다 귀뚜리에 대고 아름다운 이야기를 들려주던 가을이 놀란 토기, 오줌 싸고 도망가듯 겨울 소식에 화들짝 놀라 심장에 낙엽을 흩뿌리고 줄행랑을 쳤던 가을이 이제는 세상을 포기한 듯 겨울의 눈송이에 하얗게 묻혀가고 있습니다 장대비 내리던 여름날 예쁜 꽃신이 떠 내려와 모래밭에 발자국을 남긴 것처럼 조난당한 사람이 죽기 전 깨알 같은 편지를 담은 푸래첸포스트가 병속에 사연을 싣고 오랜 세월 바람 따라 물결 따라 대양을 떠돌다 살 그리운 몸 노래기처럼 해변에 발자국을 남기니 생명을 앗아간 사연의 조그만 병은 초가집 모서리처럼 순해져 있었습니다

흉년에 주린 노인들과 사랑에 주린 젊은이들이 눈길을 해맬 때 가게 되는 곳, 눈내리는 해변에는 이미 수많은 사연들이 거기에 와 있었습니다

선반

차디찬 구름층에, 동그란 선반을 달았습니다
그 선반 위에서 토끼 한 마리가 방아를 찧고 있습니다
그 위에 방금 하늘을 날던 겨울새가 지나갑니다
수평선을 따라 올라온 빛이 살짝 올라와 앉았습니다

황혼

바람이 마음의 뒤란 자갈밭에 꽃이랑 잎 달린 과일과 함께 조화시켜 내려놓고 갔는데요 하늬바람 따라 해찰하는 나뭇가지들의 눈부신 비유(譬喩)들을 해독이라도 할라치면 속 깊은 개울물처럼 마음이 일렁입니다 몸 따로 마음 따로 물 없는 허공까지 파도가 흔들거리고 설렘은 하늘에 맞닿습니다 구름의 그늘이 산등성이를 넘을 때는 어느덧 구름언저리부터 금니(金泥)를 드러내더니 웬 하늘이 무르르 사르고 있습니다 감지(柑紙)빛 산그늘이 산 넘어 무슨 변란이 일어났었던 듯 산등성이를 넘는 해 걸개의 비백과 여백의 텅 빈 공간에 알맹이가 달려 있어 창세기의 생성처럼 노랑, 다홍, 빨강의 등화색이 황혼을 불러들입니다

탈출

피가 하늘을 날고 있다 430년[8]의 역사를 버리고 이웃을 버리고 비싼 땅을 버리고 살 수도 없고 팔 수도 없는 땅으로 방치한다 태양의 기운이 문에 발린 피 속에 들어와 이글거린다 두 눈에 엉겅퀴가 불타고 있다 하늘을 보니 하늘에는 불기둥이 일고 태양이 탈 때는 구름기둥이 그늘을 만든다 구름기둥과 불기둥이 바람 속으로 흘러간다 싯딤나무가 온몸으로 푸른 불길을 품고 엉겅퀴의 빛나는 침묵이 눈을 뜨고 있다 촛불 같은 작은 겨자씨가 심장으로 타오를 때 그날 밤은 그림자를 꿰맨 자국으로 얼룩진다 밤의 숲이 눈이 원하는 대로 풍경을 만들어간다

---

8) 요셉이 종으로 팔려 간 이후 애굽에서 그의 후손이 종살이를 한 기간

천재 바보

어느 바보가 계수나무에 걸린 달을 따기 위해 나무 위에 올랐다 그러나 달은 저만치 멀리 떠나있었다 바보는 달이 도망갔다고 생각했다 다음날 바보는 달맞이꽃을 한아름 담아 달을 유혹하려 했다 그 다음 날은 파도의 손가락으로 달의 통점에 닿으려 했다 달의 안감을 뜯어내려는 저녁 바다도 바보를 도와 물로 된 서랍을 죄다 열어 보였으나 어선 몇 개와 달을 돕는 기러기 떼만 있었다 기러기의 착륙을 위해 나무들은 쇄골의 수피를 벗겼다 그랬더니 달은 서쪽으로 움직이기 시작했다 서쪽에 무엇이 있기에 해도 가고 달도 가나 바보는 궁금해졌다 바보는 서쪽에 관하여 연구에 몰두했다

문명의 발상지가 서쪽으로 사라진다 가나안의 마을엔 어둠이 깔리고 바람도 구름도 어제의 것이 아니다 인간의 망막에 비친 역사는 신으로 통하는 문명의 길을 알지 못한다 모든 길은 폐쇄되었다 이탈리아로 통하는 르네상스도, 바다로 통하는 미 대륙도 폭우에 잘려나간 길 같다 고립되어 있다 자동차의 나라 일본, 사이버의 나라 한국이 서쪽 산 너머에서 달과 담론을 하고 있다 한국은 세계의 중앙이라고 달이 말했다 그랬더니 저쪽, 몰래 엿듣던 중공이 달에게 말하기를 세계의 중앙은 중공이라고 말했다

<

바보의 머리가 번쩍했다 하얀 쪽배는 지금도 서쪽으로 가고 있다 바보는 토끼가 되기로 했다 돛대도 아니 달고 삿대도 없이 가기도 잘도 간다 서쪽나라로

아득한 소리

요사이 잊혀진 얼굴들을 확인하는 버릇이 생겼다 아름다움과 슬픔이 교차된다 지금까지의 신성한 모험들과 거짓된 헛소문이 발기발기 찢긴다 마치 바이올린소리가 지그재그로 공기를 찢는 것 같다 뻥 뚫린 적막이 사금파리 상처를 입고 흔하디흔한 순간이 비석처럼 패인다 애처롭고 아름답고 부박한 구름이 홍건하게 엎질러진다 뭉게구름이 입술을 뭉개고 지나간다 구름이 외로우면 언제나 이렇게 입술을 적시고 속살을 적시고 대지를 적신다 일 년 전 하직한 친구가 흙의 속살을 매만지며 스며드는 비와 티격태격하고 있다 한 발 내딛으면 미끄러지는 세상, 눈송이는 추울수록 서로를 끌어안고 대지를 덮는데 사람은 추울수록 살의 지문을 씹으며 지워지지 않는 원형에 골몰한다

구름은 비가 되어 아래로 내리는데 사람이 쏘아 올린 기도! 이때 의식의 간절함은 몇 섬이나 될까 쏘아 올린 기도에 천장이 뻥 뚫린다 난로 연통을 뽑아낸 자리 같다 장작이든 톱밥이든 불길을 둘러싼 가난한 기도, 손바닥 쪼이면 등 시린 찬 기운이 구름처럼 장삼이사 사라질 뿐 연기에 그을린 것 말고는 남는 게 없다 구름을 본다고 구름이 자세를 바꾸지 않는다

뿌리

이데아(idea)의 들창문을 기웃거리니 보이지 않는 밤의 깊이와 함께 뿌리가 보인다 하늘의 뿌리와 땅의 뿌리와 사람의 뿌리다 계산할 수 없는 주파수가 쓰나미처럼 지평선을 덮을 때 벌거벗은 뿌리의 속살은 깊고 선명하다 견(見)의 시각으로 밤의 뿌리, 우물, 진실, 보이지 않는다 보이지 않는 것을 많이 가진 밤에는 서로가 닮는다 밤이 번질까봐 테두리를 그려 땅에 내려놓으니 밤은 밤의 울타리를 넘지 못하고 밝음이 발맘발맘 걸어온다 모든 것이 보이는 빛 아래 오니 모든 것이 추락한다 민들레는 이미 땅에 흐르고 높은 나무는 높은 곳에서 추락하고 있다 서 있는 사람은 서 있는 데서 추락하고 앉아있는 사람은 앉은 데서 추락한다 나는 나를 지탱하려고 모자를 눌러쓰고 얼굴을 숨겼다 나는 나를 추락하지 않으려고 장갑 속에 손을 숨기고 버스를 탔다 어떤 여인은 눈썹을 그리고 가짜 목걸이를 하고 비타민을 한 알 삼키고 버스를 탔다 그 여인도 추락하지 않으려고 벌거벗은 몸을 팬티에 숨기고 버스를 탓다 버스는 콩나물시루처럼 뿌리가 가득차 있다 뿌리는 서로 엉켜 추락하지 않았다

오르가슴

인간의 기능 중 오르가슴만큼 감정의 절정을 이루는 감각 기관은 없다 육중한 무개의 남성이 체구가 적은 여성과 성행위를 하다가 늑골 세 개가 부러졌다는 신문기사를 본 적이 있다 바위가 계란 위에 체중을 실은 격이지만 여성이 오르가슴에 오를 때는 바위가 솜처럼 가볍게 느껴진다 억장이 무너지고 뼈마디가 으스러지고 근육의 조직이 해체되는 데도 아픔을 느끼지 못하고 남녀는 오르가슴에 몰입한다 강물이 흘러서 바다에 이르면 강물이 이름을 잃듯 남녀가 오르가슴에 이르면 개성적인 시냇물은 폭포를 타고 바다에 이른다 이름을 붙일 수 없는 내가, 나라고 믿고 있던 나도 보이지 않고, 아예 보고 싶지 않은 내가 되어 바다 속에서 나를 나라고 부르지 않는다는 조건 하에 강물과 강물이 만나 바다가 된다 바다의 생물은 목적이 있으나 목적을 상실한 체 본능적으로 자궁 속의 안식처를 얻기 위해 무수한 경쟁 속으로 들어간다 수억의 정자 중 승자는 단 하나, 승자가 된 정자와 그를 기다리던 난자는 어둠 속에서 랑데뷰한다 우주와 같은 한 톨의 정자와 난자는 우주와 우주의 만남으로 또 다른 우주가 되어 어둠 속에서 생명을 창조해 나간다 이 어두움이 플라톤 식으로 말하면 현상이고 칸트 식으로 말하면 감각계이고 서양정신사에서는 이항 대립으로 설명된다 하나님의 천지창조의 역사는 분리의 작업이다 10개월간 어둠 속에서 섬광의 사랑을 느끼며 자란 단일 세포는 이제 성숙된 한 인간이 되어 나를 나로 생각하며 자궁 속의 어두움에서 바깥세상의 어두움으로 분리된다 전자는 흑암이 깊음 위에 있고 후자는 끈질기게 사람을 따라붙는 그림자이다 사람들은 그림자를 기대고 산다 그러나 그 아래에는 여전히 어두움이 있어 생명이 꿈틀거리고 있다

지구 속에 또 다른 우주

시간을 낳는 시간을 본다
한낮의 바람결이 구름을 몰고 온다
맨해튼의 고층 건물에 그늘이 진다

시의 감각이 둔화되니
맨해튼이 시력을 잃는다
모든 것이 뿌예진다
마음의 안경은 참 신기하다
맨해튼 빌딩은 마치 판자때기 안에서 박은 못,
뾰족한 끝이 삐져나온 것 같다

텅 비어 있는 지구의 속,
최초의 발견자는 문맹의 구름이다
무식자만이 쓰는 관(觀)의 안경,
텅 비어 있는 지구의 속살을 보지만
손가락으로 쓴 시가 아프다

무엇을 무섭게 썼을까
지구의 속살을 쑤시는데 손톱이 닳은 것일까
시가 곪는다

지구의 속 깊은 살을 만지며 안에 들어가 보니 인공위성을 타고 한길사람 속을 달리는 것 같다 어떤 때는 어둡다가 어떤 때는 밝다 어떤 곳에 이르니 자궁 밖에서 전율하나, 비명을 연주한다 어떤 곳에 이르니 현기증이 높다 둘둘 말려 올라간 바벨탑 같다 안팎을 뒤집어 놓으니 문명에 시달리던 새들이 좋아하며 날아 들어간다 사자가 푸른 초장에서 풀을 뜯어먹다가 섹스를 한다 잭슨 폴락이 사자의 섹스가 언제 끝나느냐고 물었지만 오르가슴은 관(觀)의 안경으로 보이지 않았다 퍼즐조각을 흩날리고 있다

눈은 등비수열처럼 늘어난다 가끔 기이한 팔면체 새가 눈에서 흘러나오는 야광액체를 뿌리며 빠르게 날아간다 시가 빈혈을 앓는다

애리조나의 봄

애리조나의 시가지는 고무 아스팔트다 무서운 속도로 달리면 차는 무게의 심지를 박는다 고가도로의 급커브 길은 방축 둑처럼 경사져 있다 경사진 길 위로 가파르게 회전할 때는 마음도 몸도 기울어진다 북극성 탯줄에 매달린 배꼽 같다 절대로 놓치는 순간은 없다 건물도 수평선도 다 경사진 채 길을 구부리기도 하고 펴기도 하면서 풀어줬다가 끌기도 한다 머리를 하늘에 툭툭 치면서 더 가질 수 없는 후회의 반경을 맴돌다가 어떤 때는 궤도를 이탈하기도 한다 맨눈으로 태양을 볼 수 없기 때문이다 욕조의 마개가 빠진 것처럼 팽팽한 끝점이 소용돌이친다 롤러스케이트를 타고 가다 허공의 벽을 손으로 쳐 그 반동의 힘을 빌어보지만 지난 겨우내 잡풀들의 죽은 뿌리가 뚝방을 움켜잡듯 물크덩한 차의 손발이 물컹한 고무 아스팔트를 저리 움켜잡는다 그러나 인간의 운명이 꼬꾸라질 때가 되면 차는 허리를 구부리고 두엄 무지로 인간을 내려놓는다 그럴 때면 두엄 무지와 함께 삶도 썩어간다 푹푹 썩어가며 발생하는 더운 더움에 대한 무지는 겨울의 숨이다 저 봄, 오라고 손짓해도 죽을힘으로 버티고 있는 봄, 그러나 봄은 오고야 만다 차가 멎으니 고가도로가 산 너머로 날아간다 바람과 바람이 부딪치는 반음 낮은 소리가 지성의 냄새를 아우르며 한 소절 자리바꿈할 때 연료 한 개론에 4불 10전, 우습게 비극적으로 말하자면 값이 싼 연료를 넣기 위해 두꺼운 거리의 벽을 뚫고 소모의 방위선을 넘나든다 저 하찮은 근검절약의 엉겅퀴를 지나 비싸게 허비한 낭비벽이 캄캄한 심연의 한 곳을 쩍! 쪼갠다

<

고속도로 위에는 더 자명한 겨울의 하얀 별똥별이 소복이 쌓여있다 쏟아진 별이 하늘의 별보다 더 많다 어떤 별똥별은 삐끗 갈빗대를 접질려 한쪽 어깨가 쏟아져 내린다 어떤 별은 아예 운도 안 비치고 밝게 아스팔트의 바닥을 공공연히 드러내놓고 비스듬히 서 있다 이마께로부터 깎여나간 별들은 햅쌀밥 빛깔을 서둘러 하늘빛 빛깔로 변신하며 겨울을 떠날 준비에 어수선하다 아직도 건너편 담벼락에 기대어 언제쯤 자신이 감쪽같이 사라질 수 있는지 초조하게 시간을 재는 눈사람처럼 아무런 혐의 없이도 바람에 쫓기는 17세 가출 소녀가 고가도로에서 투신하던 날 봄은 시작되고 있다

가인의 후손

티켓 두 장이 생겨 카네기홀 음악회에 갔다
피아노 연주자는 애당초 살벌한 옷차림으로 무대에 섰다
가죽 장갑 끝에 구멍을 뚫어 열 손가락 끝만 뾰족하게 나와 있었다
전반부 연주는 그런대로 잘 넘어갔지만
철석이며 펄럭이며 개펄 같이 바닥을 읽기 어려워서
마음보다 몸이 익숙해지지 않았다
후반에 들어서니 연주는 더욱 격렬해졌다
성난 장미처럼 일어서서 의자를 단발 뒷발차기로 내동댕이친다
가죽 장갑이 관중의 허리에 쓰러지기도 전
팔꿈치로 피아노의 건반을 내려치니 고독의 원심력이 동시에 터져나왔다
준비해둔 도끼가 아벨을 연주하고 있다
피아노의 건반에서 아벨의 비명이 폭발하고 있다
무채색의 소리를 창출해내는 반음계의 선이 구사일생으로
피아노에 붙어 있어 가냘픈 경련을 일으키고 있더니 툭 끊어져 나갔다
약음기가 없었더라면 나의 심금(心琴)도 끊어졌을 것이다
잉걸불 같은 분노가 가슴에서 이글이글 치밀어 오른다

발칙한 에너지

마음의 비탈길에 면(面)과 연(緣)으로 통하는 길이 있을 뿐 그 내리막에 먼지를 묻히고 흘러가는 것을 뿌리 깊은 상처들이 붙잡고 있다 배고픈 사람들이 밥상에 앉아도 눈 깜짝하지 않는 정지된 생선 눈알의 인내심 같고 '도'와 '레'의 사이에 7음을 다 합친 불협화음이 일시에 터져도 그 속에 멜로디는 꼼짝 않고 숨어 버티고 있다 억울한 상처들이 기생하는 맹렬한 먹성이 두레박 따위로는 다 퍼마실 수 없어 아예 우물이 되어서는 슬픔의 꽃망울이 자잘하게 피어오를 때까지 버티고 있는 그것의 끈질긴 인내심은 귀신도 모를 것이다 에너지가 몇 개로 분해되어 그림을 그리다가 시를 읊고 직감이 다른 우주에 대해 노래를 만들 때 그림, 시, 음악, 3교대 공장이 동시에 가동하는 발칙한 에너지, 그 알갱이의 신비는 귀신도 모를 것이다

달과 별의 전쟁

달의 사막에는 걸을 때에만 길이 있다 수천수만의 모래알을 밟으며 셈할 수 있을 때까지 숫자가 필요하다는 것을 알리기 위하여 수북이 쌓아 올린 모래의 움막에 표절의 책임도 없이 토끼 한 마리가 떡방아를 찧고 있다 그믐에 이르러서는 별들에게 먹혀 조각달이 된 그 위에 '어떤 연보에는 임신한 여인이 별나라에서 왔다며 초승달을 밟고 서 있다'[9]고 했다. 그 여인은 행여 길을 잃을까 별들에게 말을 걸었지만 별은 바람이 심해 캄캄한 밤을 안고 새벽을 찾아 나선다고 했다 어떤 때는 제자리걸음질을 하기도 했다 별이 쏟아진 모래의 바닥은 제자리걸음을 할 때마다 다져졌다 시력은 해 뜨는 지평선까지 달려갔다가 돌아오곤 했다 방파제가 없는 모래사장이 한쪽으로 쏠리며 우는 소리를 냈다 비린내 풍기는 햇빛이 여름의 냄새를 풍길 때는 밤새 우박처럼 쏟아진 하늘의 별 3분의 1을 가려낼 수 있었다 아직도 별들은 창캉창캉 칼싸움을 하며 서로 부딪치는 소리를 냈다 11호 선으로 갈아탄 임신한 여인은 자체 추진력으로 지구의 행성으로 갈아탔다 아름다운 눈을 가진 인간들이 마구간 산실을 꾸며주는데 여인의 등 뒤에는 아직도 찬바람이 인다 엄마의 배꼽에서 탯줄이 놓이자 공허 속에 멧비둘기가 운다 멀리서 보면 사람이지만 가까이서 보면 열린 심장 같다 바늘만 한 상처만 입어도 피를 쏟고 숨질 것 같다 떨어져 굴러도 통증 하나 없는 심장과는 반대로 심장 속에 70이레와 한 이레의 죄와 일흔 번씩 일곱 번의 용서[10]가

9) 요한계시록 12장

해골처럼 쌓이고 그 언덕 위에 무지개가 추락한다 제발제발 제발이 저릴 때 피가 통하지 않은 마비된 발에 피를 보내기 위해 심장이 발동한다 재주 좋은 시인은 문명인의 실험에 훼손당한 별의 슬픔에 대하여 시를 쓴다 스삭스삭 쓴 33년 반 동안의 살과 피로 만들어진 시의 심장은 어느새 실이 되어 올올히 풀려나온다

---

10) 다니엘 8장 14절, 마태복음 18장 21절-35절

탄생과 죽음 그 사이

– 백지 한 장의 신비

뱃속에 아기는 심장에 계란만한 텅 빈 구멍이 있다 텅 비어 있는 그곳엔 생각도 마음도 없다 아무것도 없는 집에 방문을 잠그고 심장이 없는 펜으로 시를 쓸 때는 발길로 엄마의 배를 걷어차며 시를 쓴다 휘장의 찢어지던 날의 산고11), 뻥 뚫린 심장의 구멍이 막히던 날 부지불식간 앵하고 울음보가 터진다 구멍이 막히는 소리다 구멍이 막이는 이야기를 논하자면 삶과 죽음이 백지 한 장 차이다

죽은 사람에 입히는 옷은 호주머니가 없고 계절이 없고 낮과 밤이 없다 그렇게 많은 것이 없다면 시간은 밤이다 죽음은 삶 이전으로 귀의하고, 사람이 살다가 죽음에 이르면 기쁨도 슬픔도 없다 심금에서 절벽에 이르는 두루마리 경전은 종종 희끄무레한 색깔과 푸른색이 부딪치는 결가부좌의 상형문자다

이 장문(藏文)은 먹구름에 꽂힌 칼처럼 우렛소리를 내며 하늘을 짜른다 어떤 때는 하늘이 두 동강 날 때도 있다 찢어진 사이로 물 사태가 일어나고 비명처럼 선연한 역광에서 날카로운 신의 등뼈가 새어나온다 성소의 휘장이 찢어지던 날, 신생아가 성지 순례를 한다 모세는 번갯불을 주워 담아 한아름 안고 하산한다 산 아래 백성들은 번갯불을 보고 혼비백산하여 죽은 사람도 있다 그때부터 그들은 허우적거리기 시작한다 보이지 않는 것의 깊이와 보이지 않는 것의 무게와 육신의 밤과 정신의

---

11) 아이들을 낳은 엄마의 뱃가죽에는 상형 문자의 시가 선명하다

밤사이에서 잃어버린 사금파리 한쪽이 어디에 있는지 몰라 헤매고 있다 이데아(idea)[12]는 메로스의 들창문에서 밖을 내다본다 시내산 등정과 종점산방까지를 펼쳐놓은 경전이 보인다 완독 40번[13]을 거듭하여도 시은소의 운무에 미치지 못한다 기나긴 경전, 불기둥이 어두움을 내몰고, 시대처럼 올 아침을 기다리는 구름기둥에는 이것은 사람의 감상적인 하소연일 뿐 괴로워하는 것은 영혼의 진솔이다 그래서 사람의 마음에는 안개가 덮여있다 풍선을 빵빵 터트리며 신생아가 태어날 땐 질탕하던 소낙비 위에서 구름을 더듬는 편광 프리즘이 굴절하고 있다

12) 이데아(idea)는 플라톤 철학의 기본 개념으로 알다(知)의 파생어다. 이것은 플라톤의 제자 소크라테스 "너 자신을 알라"라고 말한 것은 그의 스승 플라톤에게 배운 것이다. 우리가 플라톤은 몰라도 소크라테스를 아는 것은 플라톤은 임신을 했고 아리스토텔레스는 이데아를 탄생시켰기 때문이다.

13) 시내산의 40년

무언의 묵시록

풀벌레 키드기는 소리도 지나치지 못하는 저 오지랖, 너는 있는 것마다 툭툭 건드리며 세상을 떠돌아다녔지 동가식서가숙(東家食西家宿)에 길난 역마살이지 겨울이 되면 너의 하늘이 딴청 피운 사이 한계의 벽을 넘어 맨땅과 외도를 했었지 더러는 객기 넘쳐 곤두박질하고 더러는 후미진 언덕배기에 소리 없이 눕기도 했지

석석회회(石石廻廻)

돌들의 행보가 흘리고 간 억 천의 세월, 不見과 發見 사이 인간의 눈에 발견된 너 수석아 너는 저 거대한 백색의 책을 보았지 열리지 않는 입을 꽉 다문 페이지, 지상의 온도를 빼앗은 불온의 예언서를 하늘이 내린 백색테러야 이 백색테러는 노아의 방주가 없지 선거공약이나 트릭도 없어 네가 숨어 살았던 전생처럼 온 누리가 하얗기만 해 서울의 높은 빌딩이 다 들어가고도 남을 그리움 때문에 선연한 겨울 바닥을 긁으며 너는 말했지 백색테러가 몸을 풀려면 십 년은 걸릴 거라고 시간을 제 안에 삭혀 수많은 파문을 마음에 새기고도 아무 말 없이 물살의 지도를 받으며 억세고 짧은 갈기에 살이 찢기는 동안 눈에 뜨이지 않는 계곡에 숨어 심연의 암호를 분석하고 있었지 죽음 그 후에야 이생을 억 겹 반추하듯 고름을 빼낸 허탈한 구멍에 새빨간

새 피가 출렁일 때 너무나 황홀한 꿈이 거기에 불탄다 했지 뒤페이지에 앉아 이마에 수건을 동여맨 각주(脚註)처럼 유려하게 얼굴을 내밀 수 없는 서언(序言)이나 결론(結論)처럼 화끈하게 주장을 펼 수는 없어도 다만 지금은 들메끈을 고쳐 매고 있는 중이라고, 십 년의 끝은 바로 지금이라고, 반쯤 남은 커피잔과 졸고 시계가 눈을 비빌 때 새벽은 고동친다고

미녀

– 역사적 마지막 미녀 라오디게아[14]를 바라보며

풍경을 아름답다고 말하려면 멀리 떨어져서 보아야 한다 풍경이 아름답다고 풍경 속 내부에 들어가 보면 헐린 초가집처럼 뼈대가 앙상하다 앙상한 나무줄기의 내공은 바람을 치는 자세로 슬픔을 담고 그리움으로 사무치는 미세한 떨림은 애처롭도록 아름답다 까마귀가 어둠을 뜯어 먹는 것처럼 좌절의 역사를 내장한 기암절벽의 뼈대를 보면 바람처럼 슬픈데 앙상한 가지 사이로 헤엄 쳐들어오는 햇살의 신비로움을 사람들은 보지 못한다 풍경의 둘레는 고독한 원심력이 되는 초겨울의 하늘빛이 맴돌고

14) 라오디게아는 소아시아에 산재한 7도시 중 하나다. 성경에는 이 도시를 시대적 마지막 때의 교회를 상징하고 있다고 설명한다.

샌프란시스코

금문교의 교각에 서서
샌프란시스코의 시가지를 내려다보니
땅거미가 잔인하게 대지를 할퀴고 있다
견디다 못한 대지는
천신만고 끝에 밝음을 내놓으니
높은 빌딩의 첨탑이 안개 위로 머리를 내민다
샌프란시스코가 온통
구름 소쿠리에 담겨 하늘 추에 달리고
오랜 삶의 뒷모습이 아침 햇살에 저리 선하다

눈부시다
폭풍주의보 내리던 날
어디 피할 움막도 없이 출렁인 시간들
폭풍우 소리 앰뷸런스 굉음에 뒤척이는
내 마음 책갈피에도 햇살이 걸어온다

작품해설

시를 통한 모든 장르의 구현은 하나님 뜻을 펼치기 위함

김 순 진(문학평론가 · 고려대 평생교육원 교수)

<작품해설>

시를 통한 모든 장르의 구현은 하나님 뜻을 펼치기 위함

김 순 진(문학평론가 · 고려대 평생교육원 교수)

강위덕 선생님께서 미국에서 40년 사시다가 한국에 살러 들어오셨다는 말을 들었을 때 나는 바로 강위덕 선생님이 정착하신 정읍으로 달려갔다. 강위덕 선생님을 뵙고 싶은 수십 년 동안의 갈증을 참을 수가 없었기 때문이다. 그는 문학인이자 화가이고, 조각가이자 음악가이다. 모든 예술분야를 자유롭게 넘나드는 예술의 멀티플레이어다. 나는 일찍이 "시는 문학의 멀티플레이어요, 인생의 탤런트다."라고 30여 년 전에 낸 첫 시론집 『좋은 시를 쓰려면』의 자서에서 밝혔고 그 책 뒤표지에 적은 바 있다. 그런데 강위덕 선생님께서 내가 그러한 말을 한 것에 대하여 현실적으로 실현하고 증거하신 최초의 분이다.

그의 예술은 이미 다양한 전시회와 음악회를 통하여 세계적인 정평이 나 있다. 우선 그의 음악을 살펴보자면, 아무나 설 수 없는 미국 카네기홀에서 열린 그의 작곡 발표회는 그냥 있었던 게 아니다. 그의 음악은 되돌이표가 없다. 장엄한 시작이나 감미로운 시작, 후렴의 반복 등 그동안 수많은 작곡가들로부터 답습되어왔던 연주법이 아니라, 아무도 생각지 못한 연주법, 즉 마디와 도돌이표 등이 없는 말 그대로 신개념의 실험적 음악이다. 그런데 그는 연주회를 하는데 있어 엄청나게 드는 비용을 걱정하지 않고 우선 음악에 치중한다. 물론 연주회는 돈으로 하지만 음악이 준비되지 못한 사람은 연주회에 설 수 없다. 사람들이 나에게 묻는다. "시집을 내려면 얼마 드느냐?"고. 그래서 내가 되묻는 말은 "원고가 준비되어 있느냐?"고 하면 나는 흥정조차 하지 않고 "원고가 되면 그때 말씀해주세요."라고 말한 뒤 전화를 끊는다. 원고의 준비도 없이 책을 낸다는 것은 음악이 준비되지 않은 채 세종문화회관이나 예술의전당 콘서트홀에서 연주하고 싶은 조급한 마음과 같다. 강위덕 선생께서는 완벽한 음악으로 서울 세종문화회관, 서초동 예술의전당, 미국 카네기홀 등에서 연주한 바 있으니, 그 자체만으로도 실력을 인정받은 바다.

게다가 그의 미술품은 어떠한가? 보통 사람들은 고작해야 100호 정도의 그림을 최고로 생각한다. 그런데 강위덕 선생은 500호 작품을 그린다. 5m가 넘는 그림을 한 캔버스에 그린다. 몇 년씩 한 작품에 몰두한다. 그러면서 그는 작품의 프레임까지 직접 제작한다. 용무늬를 직접 조각해 실리콘으로 프레임 틀을 만들고 거기에 산업용 폼을 쏴 직접 액자의 프레임을 제작하는데, 작품뿐만 아니라 액자까지 세상에 하나밖에 없는 프레임으로 미술품을 완성한다. 그의 미술작품에 대한 실험은 거기에서 끝나지 않는다. 직접 돌을 가져다 붙이거나 각목, 나뭇가지 등을 붙인 뒤 그 위에 페인팅해 입체감을 완성해나간다.

이런 실험성은 그의 문학에서도 여실히 나타난다. 그의 실험은 문학과 음악과 미술을 넘나든다. 그는 끊임없이 탐구하며 창조해 나간다. 그의 이런 실험성, 창조성은 그의 정신적 밑바탕을 유지하고 있는 기독교 사상에 기인한다. 그래서 그가 작업해 나가는 일련의 작업들은 하나님께서 하신 천지창조를 재현하고 증거하며 칭송하기 위한 일련의 작업이라 할 수 있다.

그러면 여기서 그의 작품 몇 개를 읽으며 평생 추구하고 창조해온 그의 작업들이 어떤 의미를 가지며 어떤 사상을 밑바탕에 깔고 있는가 살펴보기로 한다.

1.

너, 싯딤나무야 눈보라 오는 날 흙의 영혼을 훔쳤을 때 땅에는 피가 흐르고 혼이 떠난 자리엔 뿌리가 바닥을 토닥였었지 혼과 뿌리가 하나라고 말해도 될까 나가고 들어옴이 한통속이듯 가능성은 홀로 서 있는 사막의 척추에 있지 바로 이것이 끈질긴 생명의 원형을 굳게 잡고 있어 나가고 들어오는 것은 태도만 다를 뿐 문을 통과하는 것은 또 다른 존재로 열린다는 것, 그것이 물기 묻은 나의 시선이야

살아서 천 년, 죽어서 천 년, 땅에 쓰러져서 천 년을 견딘다고 성화의 나무라 불렀지 마음에 들지 몰라

2.

너 싯딤나무야 여기에 침묵이 있었어 일 년이 가도 비 한 방울 보기 힘든 사막 광야에서 저 성화처럼 피어오르는 싯딤나무, 땅 깊숙이 뿌리를 내려도 땅 싸움하지 않으려 외따로이 흩어져 있구나 지친 해가 잠자리를 준비하는 분홍빛 이불을 펼 때, 오만가지 감정과 풍경이 그 속에서 쉼을 얻고 있구나 밀리는 대로 말없이 밀려주던

열기 띤 모래알 냄새도 조금씩 다른 색깔로 숨을 돌리고 있어 물과 바람의 만남과 경계 없이 흐르는 싯딤나무는 지하 10m까지 뿌리를 내리고 옆으로 200m까지 뿌리를 뻗어 몸속 깊숙이 숨겨두었던 물주머니로 이렇게 건조한 지역에 서 있지

3.

싯딤 성화의 길이 급기야 불끈! 신의 경지에 닿는 길이거늘 왜 이리 고요한가 지난 새벽 칠흑 같은 어둠 속에서도 아득한 소실점은 분명 있었어 한 가지 슬픔과 기억 때문에 외로워하는 것은 분명 아닌가 보다 세포액 농도가 매우 높은 강알카리성과 염분을 함유한 지하수에서 캄캄한 어둠의 길목으로 되돌아오는 싯딤의 길, 온종일 너 들리는가? 사막의 교향악단 소리를, 온몸으로 견디라 일갈하는 소리, 황량한 사막은 있어도 황량한 너 싯딤나무는 없다고

참 이상하지 흙의 영혼으로 집들이하는 싯딤나무는 사막의 여행객들에게 기다리는 몸짓 하나, 표정 하나가 연기처럼 남아있다는 게

– 「예술가의 길」 전문

강위덕 시인은 예술가이기에 앞서 하나님을 믿는 신앙인이다. 그는 제칠안식일예수재림교회의 교인이다. 제칠안식일예수재림교회는 예수의 실제적이고 급박한 재림과 제칠일안식일의 준수를 강조하는 개신교 교단이다. 흔히 안식교, 또는 안식일교라고 하며, 재림교, 제칠일재림교, 제칠일안식교, 제칠일안식일교라고 칭하기도 한다. 1863년 미국에서 제임스 화이트, 엘런 화이트, 조지프 베이츠, J. N 앤드루스

등, 침례교와 교를 비롯한 여러 교파 출신 인물들에 의해 설립되었으며, 기독교 근본주의, 회중주의, 회복주의 성향을 띤다. 19세기 미국에서 일어난 재림주의 운동의 계보를 이으며 성서주의 및 복음주의를 표명하여, 일반적으로 기독교 및 개신교의 한 갈래로 분류된다. 우리나라에서는 개신교 중 감리교와 장로교가 먼저 뿌리내린 한국에서는 정통을 주장하는 사람들의 성화를 강조하는 구원론으로 인해 율법주의 이단시비가 존재하기도 하지만, 나는 지금껏 안식일교회에 다니는 분들이 사기를 쳤다거나 남을 위해했다는 말을 들어보지 못했다. 내가 판단하기로는 안식일교를 믿는 교인들은 자신을 절제하며 모범을 보이는데 최선을 다하는 분들이었다. 나는 오랫동안 제칠안식일예수재림교회를 다니는 삼육재단의 사람들과 함께 생활해왔다. 우선 내가 처음 출판사를 차렸을 때 편집장으로 있던 이덕형 디자이너가 안식일교회 교인이었다. 그래서 그는 토요일이면 안식일이라 해서 어지간하면 행사나 다른 일에 참여치 않고 절실하게 안식일을 지키는 사람이었지만 사람이 너무 성실해서 내기 믿고 함께 하던 사람이었다. 다음에는 내가 회장으로 있던 단체의 시섬문인협회 사람들이 안식일교회 사람들이 많았다. 그들은 대부분 삼육대학교와 삼육병원 등에 근무하는 사람들이었는데, 김진원 삼육대 사무처장이나 김성운 교수, 이창호 교수 같은 분들은 사람들이 어찌나 겸손하고 덕이 있는 분들인지 보기만 해도 존경심이 흘러나오는 분들이었고, 그래서 나는 강위덕 선생님을 우리 단체인 시섬문인협회에 가입시켜드리기도 하였다. 강위덕 선생님은 미국에서도 한국에서도 안식일을 지키며 평생 하나님의 뜻에 따라 믿고 의지하며, 하나님 말씀이 진리요 생명임을 증거해온 분이다. 이 시 「예술가의 길」 은 그가 예술가로서 어떤 마음가짐을 가지고 예술을 대하고 있는지 잘 나타내주는 시다. 그가 밝히는 '예술가의 길'이란 하나님께서 깎아 인간을 예술품으로 만드시는 작업과 같다. 즉 그의 소재들은 자신을 비롯하여 모든 소재들이 아카시아나무 같은 쓸모없고, 모나고 가시가 달린 싯딤나무다. 그러나 강위덕 시인의 말처럼 싯딤나무는 "살아서 천 년, 죽어서 천 년, 땅에 쓰러져서 천 년을 견딘다고 성화의 나무라 불렀"다. 말하자면 이스라엘 백성처럼 광야에서 모진 핍박을 받으면서 마침내 가나안 땅으로 돌아간 것처럼, 강위덕 시인은 그런 싯딤나무 같은 자신의 마음을 깎고 다듬고 사포질한다. 말하자면 싯딤나무를 어떻게 깎고 매만지며 퇴고하면 가장 하나님 창조하신 걸작품에 가까워질 수 있는가에 고민한다. 그래서 그는 예술가의 길이 싯딤나무를 깎는 일이라 말하는 것이다.

침묵으로 노래하는 너는 누구냐 돌빛 감아도는 투명, 차디찬 DNA가 나의 발목에 꼬리표를 붙였지 꽉 잡아도 잡히지 않는 너는 높음에서 낮음으로 애틋한 소리, 흙을 길들이며 창조가 정교하다

서로를 표절하며 가다듬는 매무새

명랑한 계시, 경건한 높이 고르기, 지고한 높이도 순간 따라 다시 낮아지는 너의 정점은 신들의 기적이지
어디까지 흘러갔을까
어느 강여울을 지나 서해 바다에 소금이 되었을까
시냇물에 얼음이 얼면 얼음 안의 시냇물은 성형외과 의사가 돼

못생긴 돌멩이를 다듬어 예쁘게 조탁하지 그래서 조약돌이 생겨났어
얼음이 되었다가, 풀렸다 다시 얼음이 되는 너는 나이테를 만드는 창조의 신이야
너의 속성은 참으로 이상해
이상하기 때문에 능력이 있어 보여
졸 졸 졸 소리의 꽁무니를 따라가 보니 시냇물의 소리는 사람의 소리야
자갈에 부딪치고 돌에 부딪치고 들풀에 부딪칠 때 노래를 하지
시냇물에 노래가 없다면 인생의 삶에도 노래가 없지
빈껍데기의 목쉰 바람소리도 시냇물의 리듬 속으로 들어가 버리고, 혹한 밤이야
생각할수록 깃털처럼 날아간 세월, 안쓰러운 가슴으로 지나간 삶이 흐르고 있지

나는 아버지를 표절해서 이만큼 살았고
은행나무는 모목(母木)을 표절해서 수백 년을 살아오지
표절은 따스한 피의 흐름이야

– 「표절의 온도」 전문

인간의 삶은 표절의 연속이다. 우리는 아버지의 농사법을 대대로 표절했고, 어머니의 요리법을 표절해서 목숨을 부지하고 살아왔다. 그것을 우리는 DNA라 규정해 왔다. 자동차의 기술이 한 사람에게서 나왔지만 결국 모든 자동차회사는 한 사람의 기술을 표절해서 자동차를 만들어낸다. 아리스토텔레스가 문학을 인생의 모방이라 말하지만 모방과 표절은 그 방법론에 있어 같은 족속이라 해도 틀린 말이 아니다. 콩 심은 데 콩 나고 팥 심은 데 팥 난다는 말이 있다. 그 말은 결국 삶이 표절의 연속

이란 말이다. 콩 심은 데 팥이 나서는 안 되며 사과나무 심은 데 배나무가 나서는 안 되는 것이다. 가끔 돌연변이가 나오기도 하지만 그때마다 사람들은 유전자를 확인하며 적자(嫡子)의 진위(眞僞)를 따지게 된다. 그런데 단어의 해석을 어떻게 규정짓느냐에 문제가 있다. 흔히 모방은 되고 표절은 안 된다고 하지만, 그것은 모순된 말이다. 문학처럼 미세한 느낌의 작업에서 표절은 바로 당락을 결정짓거나 책임소재를 따지게 되지만, 예를 들어 기와집을 짓는다고 할 때 그것은 모두 표절이어야만 된다. 만일 똑같은 색과 크기의 똑같은 기와로 집을 짓지 않고 각기 다른 사이즈와 색깔로 기와집을 짓는다면 그것은 오합지졸의 집이 되고 말 것이다. 서로 가까운 것을 베끼면 표절이 되지만 먼 것을 베끼면 그것을 우리는 문학성이나 예술성이라 한다. 그래서 우리는 바다의 언어로 나무를 기르고, 바람의 언어로 물고기를 잡는다. 이를테면 바위는 오랜 세월을 달려왔고, 단단함으로 영글어왔으며, 기다림을 먹고 살아왔다. 그림의 바위는 단단함을 표현해야 하니 검은색이나 어두운색이 절대적이다. 그러니 음악 속의 바위 역시 장엄함이나 장중함을 표현해내야만 하는데, 강위덕 작가는 그런 대동소이한 묘사를 버리고 물고기가 자기 몸에 난 비늘의 문양을 해바라기의 씨방에서 표절한 것 같은 문양을 그린다. 세상에는 표절하는 것이 너무나 많다. 세상 모든 과일은 대부분 둥근 모양인데, 사과나무가 배나무를 표절하고 복숭아나무가 자두나무를 표절하며 포도나무가 머루나무를 표절하는 것이 세상의 이치라 할 수 있다. 그러니 강위덕 작가가 말하는 표절은 표절이 아니라 표현의 다른 방법이다. 이를테면 미술에 문학성을 표절하고, 음악에 화화성을 표절하는 것이다. 이를테면 시에는 회화성을 표절하는 시, 즉 이미지시가 있는 반면 음악성을 표절하는 시, 즉 리듬 시가 있는 것이다. 표절해서 독자에게 금방 들키는 것은 표절이지만, 독자에게 무얼 표절했는지 들키지 않는 것을 우리는 문학이라 하고 예술이라 하는 것이다.

굼벵이가 허리를 구부렸다 폈다 한다

산이었다가 바다였다가
대지의 이 끝과 저 끝
우주가 허리를 구부렸다가 폈다 하는 것 같다

70억의 인구가 몸살을 앓는다
고장 난 나비 날개처럼
나뭇잎 하나가 어깨에 떨어진다

내 몸에 유성우가 떨어진다

– 「우주론」 전문

공자가 엮은 『시경(詩經)』을 읽으면 들창에 온 세상이 있고 풀꽃에 맺힌 이슬에 우주가 다 들어있다고 노래한다. 나는 평소 “나 자신이 우주다.”라고 강의해왔다. 나는 셀 수 없는 인연으로 사람들을 만나왔다. 내가 가진 세포의 수는 얼마며, 그동안 내가 먹은 밥풀의 수는 얼마며, 나와 스쳐 지나간 사람은 몇 사람이며, 내가 걸어온 발자국 수는 몇 발자국이며, 내가 읽은 책의 글자의 수는 몇 자며, 내가 뱉어낸

낱말의 수는 몇 개며, 내가 잘라낸 머리카락의 올은 몇 개며 몇 미터인지……, 나는 이미 우주적인 행동을 하고 있었다. 고로 나는 우주다. 그런데 우주가 아닌 것은 없다. 우주란 비단 하나의 것만으로 이루어지지 않는다는 것을 우리는 깨닫는다. 우주는 또 다른 우주와 어울리고 포함하며 속한다. 고로 나는 사람과 어울리고 글자와 어울리고 밥풀과 어울리고 발자국과 어울리고 눈송이와 어울리며 빗줄기와 어울려 우주 속의 우주가 된다. 비단 강위덕 선생님이 말한 굼벵이만 우주에 속하는 것은 아니다. 우주 속에는 떨어진 낙엽과 잘라낸 손톱과 머리카락, 내 몸을 빠져나간 배설물과 내가 해댄 남의 흉과 욕설까지 우주에 속한다. 우주라는 개념은 '좋다' '나쁘다'의 개념이 아니다. 우주라는 개념은 '유익하다' '유해하다'의 개념도 아니고, 우주라는 개념은 공동이며 함께한다는 개념이다. 우주라는 개념 속에는 결코 낙오자도 우월자도 없다. 성공한 사람과 실패한 사람은 모두 똑같이 한 자리를 차지한다. 고로 넓게 보자면 이 세상에 결코 하찮은 삶도 실패한 인생도 없다. 하루밖에 살지 못하지만 하루 종일 날개를 저어 허공을 차고 오르는 하루살이의 생과 천 년을 살며 고고하게 소나무 위에 앉아 세월을 보내는 듯한 학의 생을 누가 옳고 누가 그른가에 평가할 수 없는 것이 우주의 개념이다. 고로 우주란 담장에 있어 바위와 바위를 받치는 자갈이 둘 다 공존하며, 모기를 잡는 큰 손바닥을 가진 인간과 잠자는 틈을 타 허벅지를 물어대는 모기가 공존한다. 강위덕 시인의 우주론은 작은 굼벵이 한 마리가 허리를 굽혔다 폈다 하며 세상을 재고 있는데, 100m짜리 줄자로 재나, 2cm짜리 굼벵이 몸으로 재나 세상은 어차피 헤량할 수 없는 존재임을 강위덕 시인은 알고 있다. 고로 강위덕 시인의 몸으로 떨어지는 유성우는 별똥별이거나 눈송이거나 안개비

일지라도 그것이 무엇이냐가 중요한 것이 아니라 하늘에서 떨어지는 것은 모두 유성우다. 고로 하나님의 자녀인 우리 또한 유성우다.

우리 집에는 10개의 창문이 있어 이 창문들은 안에서 밖을 보는 창문이 아니라 밖에서 안을 보는 것이라 했어 망원경 같지 망원경은 성능이 좋을수록 밤하늘의 별들도 밝게 보이지 뭐 100년 전 사람에게는 유리가 많은 창문은 현대적이고 신비스러운 물체였지 골목에서 공놀이를 하다가 유리창을 깨트리면 혼쭐나는 세상이 100년이나 계속되었어 유리창은 있으나 없으나 똑같지 똑같다고 말하는 사람은 이 세상에서 가장 순진한 사람이야 이렇게 환한 유리창이 낮을 닫을 때 너는 밝음을 도둑맞는 거야

별이 자주 창문을 들여다볼수록 꿈은 자라지 참 신기해 하수구가 고장이 나면 항상 떠 있던 하얀 반달이 자취를 감추어 버려 창문은 매끈하고 둥근 천문대처럼 아름다워야 해 이 창문에는 365개의 안테나가 있어 우주에 떠 있는 365개의 사이버와 교신하지 이쯤 되면 눈치를 챘을지 몰라 내 몸에도 열 개의 창문이 있어 손톱은 우리의 건강을 들여다보는 창문이야 눈은 마음의 창문이고 손톱은 건강의 창문이지 그런데 요즘 눈과 손톱마저 가짜인 사람이 많아 안경과 콘텍트렌즈가 생겨나면서 마음의 창이 닫힌 사람이 많아졌어 골목마다 네일아트점이 생기고 인조손톱이 생겨난 이후부터의 건강은 모두 가짜야 할퀴고 싶은 것은 거짓과 불신이 아니라 가짜 얼굴이야 가면을 할퀴어 벗기고 싶어

네일살롱을 해서 돈을 벌어 집을 산 사람도 있어 핸디캡이 있는 여자가 화장을 두껍게 하듯 가짜 손톱이 있는 사람은 내장도 가짜야 아 그래서 고문 기술자들은

가짜 속, 가짜의 진실을 파내기 위해 손톱을 고문하지 손톱고문은 최악이야 천천히 천천히 송곳 끝을 손톱 속에 집어넣어 파헤치지 파르르 떨며 흘러나오는 파장, 고문기술자는 판독기술자라야 해 댄스에 젖은 소녀가 슬픈 얼굴로 걸어가고 있어 곡선을 직선으로 이행하는 목은 고독한 내부의 응집을 감지하지 시인들은 파장 속에 흘러나오는 거짓들을 판독하지 시인들은 이 파장을 슬픔이라 부르지 슬픔은 죽은 자식 불알 만지듯 애절한 것이야 다섯 개의 가시가 달린 별에 게 찔려 슬퍼하는 보름달의 헛배 같지 시인은 고문기술자들처럼 손톱 속을 파헤치며 애절한 시를 쓰지 눈을 감으면 눈물이 주르르 흘러 가난한 자의 옆구리에 철썩 달라붙는 안개 속이라야 아름다운 시가 나오는 거야

– 「손톱이라는 창문」 전문

시인에게 창문이란 탈출구이자 새로운 세계를 향한 동경의 공간이다. 인간이 동물과 다른 세 가지는 이미 학교교육을 통하여 많이 배웠다. 첫 번째가 직립보행을 한다는 것이고, 두 번째가 불을 사용한다는 것이고, 세 번째가 도구를 사용한다는 것이다. 그러나 그것은 인간의 외적 측면에 의한 분류다. 내적인 측면으로 볼 때 인간이 동물과 다른 점 세 가지는 첫 번째가 문자를 사용한다는 것이다. 그리고 두 번째가 반성한다는 것이다. 그리고 세 번째가 미래에 대한 꿈을 가지고 있다는 것이다. 카메라맨들이 사파리에 들어갈 때 사자가 나타나면 어떻게 할까 걱정하며 미리 여러 가지 경우의 수를 학습하고 사파리에 들어간다. 자동차에 철망을 덧대 유리창을 열고 맹수들의 생활 사진을 찍는다. 그것은 신변에 대한 위협으로부터 자신을 지키기 위

한 방책이라 할 수 있다. 위협을 미리 방지하는 것은 창문이 아니라 방어다. 창문은 안으로부터 밖을 동경할 수 있는 미래의 공간이다. 인간은 창문을 꿈꾼다. 어릴 적 우리 집에는 들창이 있었다. 막대로 받쳐놔야 바람이 들어오는 들창은 모두 열어봐야 반 이상을 볼 수 없는 창이었지만, 나는 그곳을 통해 눈비가 오고 꽃과 열매가 맺는 사계를 관찰할 수 있었고, 오디가 열리고 박주가리가 날리며 뱁새 떼가 날아와 앉고 개똥찌빠귀가 날아와 울어주며, 인간 세상과 이데아의 경계를 창문으로 가늠할 수 있었다. 10개의 손톱에는 하얀 창문이 나 있다. 물론 '손톱이란 창문'은 강위덕 시인만이 본 창문이다. 시인은 그 창문을 통하여 각기 다른 세상을 바라볼 수 있다. 사람은 오른손과 왼손, 두 개의 손이 있고 각자 다섯 개의 손가락이 있다. 두 손은 서로 대칭으로 있어 마주 손뼉을 쳐 소리를 내고 둘이 화합해 물건을 들어 올릴 수 있지만, 사실은 서로 상반된 모습을 하고 있어 서로를 위해 희생하거나 봉사하려는 관계는 아니다. 그러면 여기서 두 손의 양 손가락의 역할을 살펴보자. 엄지손가락을 통해서 우리는 나를 떠받치고 살아온 어머니와 내가 떠받치고 살아온 아들에 대한 두 가지 창문을 바라볼 수 있었다. 집게손가락이라는 두 개의 지시적 창문을 통하여 아내와 외간 여자라는 두 가지 창문을 바라볼 수 있었을 것이다. 가운데 손가락을 통해서는 최고와 모난 것이 정을 맞을 수 있음을 겪었을 것이다. 약지 손가락을 통해서 하나는 결혼반지를 끼고 하나는 쓴 약을 저어야 하는 수고를 생각할 수 있다. 새끼손가락을 통해서 하나는 약속을 받고, 하나는 약속받지 못하고 들러리를 서야만 하는 환경에 놓여 있게 된다. 달은 엄청나게 크지만 손톱으로 가릴 수 있다. 뿐만 아니라 창문이 보이지 않은 마음의 창문을 통해 우리는 그 사람의 세상을 볼 수 있다.

강위덕 시인이 손톱을 창문이라 한 것은 어떻게 생각하면 인간에게는 10번의 긍정적 창문이 있다는 암시일 것 같다. 이 세상에 태어나 나올 때 첫 번째의 창문이요, 가족을 만났을 때 두 번째의 창문이며, 학교에서 친구들을 만났을 때가 세 번째 창문이고, 사회에 나아가 새로운 환경에 놓여 있을 때 네 번째 창문이고, 나에게 적합한 직업을 찾았을 때가 다섯 번째 창문이요, 사랑하는 사람을 만나 결혼할 때 여섯 번째 창문이요, 군에 가거나 출산할 때 일곱 번째 창문이요, 자식이라는 새로운 창문이 열렸으니 여덟 번째 창문이요, 직장을 그만두고 은퇴할 때가 아홉 번째 창문이며, 손자를 만나고 마침내 일가를 이룰 때 열 번째 창문일 것 같다. 저마다 10개의 창문이 있으나 각자 자신에게 어떤 10개의 창문이 있는지 생각해볼 일이다.

애리조나는 소한이 없다
120도 수은주가 더위를 타고 올라가도 말복이 없다
인적 끊긴 뜨거운 모래 위엔 낙타도 없다

소한의 온도에 눈금을 맞추어 운전을 하다가 차를 세워 맨발로 뛰어본다 차안은 추운데 차 밖은 뜨겁다 미디안 광야 같다 천 년 화염에 휩싸여 발바닥에 화상을 입었다 그 화상으로 일주일 치료를 받았다 화상을 입혀놓고 어느 틈에 몸 밖으로 줄행랑치는 애리조나, 왜 그것도 몰랐느냐고 빤히 되묻는 눈빛에 눈치꾸러기가 눈치꾸러기에게 눈치꾸러기를 건네주고 있다

— 「눈치꾸러기만 사는 애리조나」 전문

강위덕 시인은 애리조나에 이민해서 40년을 살다가 한국으로 돌아온 분이다. 때문에 모든 DNA가 애리조나화 되었을 것 같다. 우선 식습관이 미국식이 되었을 것이고, 언어습관이 그랬을 것이며, 인간관계와 종교관까지도 미국화되었을 것 같다. 애리조나는 매우 더운 지방이라 알고 있다. 사막이 있고 선인장이 자라고 있는 지방이다. 미국 남서부 지방에 있는 인구 700만의 대도시로써 미국의 48번째 주라고 한다. 미국이니까 주로 영어가 쓰이겠지만 뉴멕시코와 스페인어도 많이 쓰이고 있다고 한다. 동으로 뉴멕시코, 남으로 멕시코, 서쪽으로 캘리포니아와 네바다, 북쪽으로 유타주와 접해있고 콜로라도주와도 접하는데, 콜로라도, 유타, 뉴멕시코, 애리조나는 정확하게 십(十)자 모양으로 주경이 분할되어있기 때문에 한 점에서 4개 주 접경이 생겼다. 그렇게 낯선 나라, 그곳도 더운 지방에서 살다보면 수많은 어려움이 뒤따랐을 것 같다. 그럼에도 그렇게 척박한 세상에 나아가 이처럼 훌륭한 화가요 음악가이며 시인이 되셨다는 사실에 놀란다. 사막에 있는 주라 애리조나를 생각하면 선인장이 많은 사막 풍광이 떠오른다. 애리조나 자동차 번호판에 사막풍경이 들어가 있다고 한다. 사막지형이라 공장이나 자동차, 집에서 발생되는 매연발생량이 많지 않아 하늘에는 거의 구름이 없는 날이 대부분이라고 한다. 게다가 비가 오지 않아서 산은 시뻘건 색을 띠고 있으며 초록색이라곤 선인장과 잡초들뿐이라고 한다. 세상에서 가장 햇볕이 많이 쪼이는 동네로 알려져 있고, 반면에 1년 강수량이 85mm밖에 안 된다고 하니 척박한 땅이란 말이 그런 때 쓰는 말인가 싶다. 말복보다 훨씬 무더운 더위임에도 말복이란 계절을 국한하지 않으며 소한이란 매우 추운 계절임에도 밖으로 나가면 바닥은 너무 뜨거워 발을 디딜 수 없는 곳이었다고 강위덕 시인은 말한다.

그런 척박한 땅에 40년이나 사시면서 예술의 터전을 일구고 거장이 되어 돌아오신 강위덕 선생님께 박수를 보내드린다.

나도 한때는 여자였다
여자의 반열에 줄을 서고
여자의 목욕실에서 목욕했다
언제나 여자의 화장실을 선택했다
여자의 피부의 한 조직이 되어 그렇게 살아왔다
그 후
1939년 3월 31일
남자로 태어났다
그때는 상실에 관한 시를 읊었다
남자로 태어난 지 어언 80여 년,
줄곧 남자로 살았다
남자의 행세로 아들과 딸을 낳았다
호모 크레아트라
얼굴로 쏟아지는 물줄기는
다시 여자라는 제목의 일기가 일련 번호로 나열된다
남자가 멀어져간다

－ 「여자論」 전문

이 시는 인간의 정체성에 대하여 접근을 시도하고 있는 시다. 나는 한때 여자였다는 말에 공감한다. 어머니가 나를 잉태한 순간부터 나는 남자이든지 여자이든지에 상관없이 어머니의 몸, 즉 여자의 몸으로 자란다. 뱃속에서 자라는 아이는 어머니가 들어가는 화장실에 따라 들어가며, 여자목욕탕에 들어가야 한다. 그러니 10개월간은 이 세상 모든 남자가 여자로 산다. 그리고 강위덕 시인처럼 자신의 생년월일인 1939년 3월 31일에 남자로 태어나는 것이다. 여자를 상실하고 남자로 돌아온 것이다. 그러나 남자라는 사람은 여자의 젖을 먹어야 하고 여자의 손에 길러져 여자 앞에 무릎을 꿇고 성을 얻어낸다. 고로 나는 이 세상의 중심은 여자에게 있다고 생각한다. 미국은 여자가 시집을 가면 남자의 성(姓)을 따르는데, 나는 이러한 관습이 남존여비에서 나온 것으로 우리나라보다 더 나쁜 관습이라 생각한다. 적어도 우리나라는 여성이 자기의 성을 버리라고 강요하지는 않는다. 하와이 원주민들은 여성의 성을 따르는 모계사회라고 한다. 나는 여성의 몸에서 아이가 나오고, 여성이 기르므로 여성의 성을 따르는 것이 원칙적으로는 맞다는 생각을 한다. 다만 내가 여성운동가는 아닌 이상 그런 논점으로 세상을 바꾸려는 무모함에 덤벼들지 않을 뿐이다. 이 세상 모든 남자에게는 여성성이 존재한다. 중국 속담에 하늘의 절반은 여자가 이고 있다고 했다. 그런데 우리나라는 여자에 대한 인권이 조금 좋아진 상황이긴 해도 남자 일 여자 일이 따로 있다. 밥 짓고 빨래하는 것은 여자의 일이라 생각하는 사람이 아직도 시골로 들어갈수록, 그리고 연령대가 높아질수록 많다. 아버지는 나에게 오죽 못났으면 남자가 부엌에 들어가느냐며 내가 주방에서 요리하는 것을 싫어하셨다. 그러나 어머니가 돌아가시자 당신도 목숨을 부지하기 위해 주방에서 밥을 하고 국이나 찌개를 끓이셔야만 했다. 남자와 여자를 명확히 구분하는 나라일수록 경제적인 능력이 떨어진다. 중동의 여러 나라들은 여전히 여자에게 히잡을 강요하고, 운전대를 맡기지 않는다. 그리고 여자가 이혼을 하거나 남편이 죽으면, 그 여자는 평생 죄인으로 살아가야 한다. 여자는 아버지인 남자의 딸인데, 중동의 남자들은 자랄 때 그렇게도 예뻤던 자기의 딸이, 이혼을 하든가 사별을 하면 죄인취급을 하며 돌보지 않는 것이다. 이 세상은 남자만 우월하다는 관념이 남자 스스로를 굴레에 가두는 것을 알지 못하는 것이다. 남자 여자를 가리는 것은 직업의 경계를 두는 일이며, 직업의 경계는 임금의 격차를 가져오게 한다. 여자가 생리가 끝나 출산이 사실 상 종료될 때 여자는 여자를 버리고 젠더라고 말한다. 남성호르몬이 약해지면서 남자는 점점 여성화되고, 여성호르몬이 약해지면서 여자는 점점 남성화된다고 한다. 학교교육으로부터 여자냐 남자냐를 가리는 풍조가 남녀차별의 풍토를 조성하고 젠더화된 사회로부터 멀어져 왔다. 여자가 높은 자리에 오르지 못할 법이 없고 남자가 여자의 부하직원이 되지 않으란 법 없으며, 압력밥솥과 세탁기, 건조기가 편리한 세상에서 공부를 많이 한 전문여성이 더 이상 밥하고 빨래하는 가사노동에 휘말릴 필요는 없다고 생각한다. 고로 남자도 요리를 해야 하며 가사 일을 할 줄 알아야 한다. 반면 여성도 목수나 타워크레인기사 같은 전문직으로 건설현장에서 일할 수 있다. 이 시는 지금 우리가 그러한 젠더시대에 살고 있음을 다시 한 번 상기시켜주는 시라고 할 수 있으며 팔순이 넘으신 어른께서 이러한 생각을 하신다는 자체가 이제 세상이 바뀌고 있다는 증거라 할 수 있다.

낙서로도 몇 마리의 물고기를 허탕 치게 하는 재주는 없으나 모닥불 앞에서 몇 십 년을 허공으로 오른 다음에야 담장 옆 모닥불을 피우는 것을 배웠다 쓰자마자 지워지는 저만 아는 낙서 경전, 지우고 또 지우는 마음이 모닥불에 타오르고 있지만 생선 몇 마리가 갈릴리 호수에 얼비쳐 흐른다 잠못 이루는 통증처럼 사이버에 입력된 닭 우는 소리가 참을 수 없이 비릿한 풍경을 붙잡고, 미륵처럼 오롯하게 한 걸음의 말도 내놓지 않고 잔혹한 말들의 세월을 견디게 한다 겨울의 구들방에 매주를 매달고 긴긴 겨울을 날밤으로 세워 봄을 일으키듯 새벽을 깨우는 시퀀스의 닭소리가 마음속에 들어와 모닥불을 지핀다 아직도 땅거미가 새벽을 견디고 법조문처럼 시선에 꽂힌 베드로와 예수가 밀폐된 갈릴리 호수 속으로 하역되고 있다 모닥불을 분비하여 새벽으로 가는 어둑어둑한 침묵 위에 천국의 방언 사랑, 사랑, 사랑

세 번 저주했던 모닥불 앞
세 번 사랑했던 모닥불 앞

그곳에서 일생을 담은 모닥불이 마른하늘을 환수한다 주님과 함께 물고기를 굽고 있는 동안 세계를 더듬는 밑줄이 길을 내고 있다 그 길은 분명 물구나무의 길인 것을,

– 「모닥불」 전문

지난해 강위덕 시인은 필자의 권유로 시섬문인협회에 가입을 해서 시섬문인협회 동인지 18집에 『내가 그리워하는 사람은』에 이 시 「모닥불」 외 4편의 작품을 발표했다. 이제 시섬문인협회 회원이 된 것이다. '왜 시섬문인협회 회원이 된 것을 이야

기하느냐?'하면 「모닥불」 이란 시 때문에 그런 말을 꺼내는 것이다. '모닥불'하면 떠오른 것이 박건호 시인이 노랫말을 쓰고 박인희란 가수가 불렀던 노래 '모닥불'이 가장 먼저 떠오른다. 나 역시도 군대에 가기 전에 친구들과 논두렁에서 짚불을 피우며 송별회를 했는데, 그때 부른 노래가 '모닥불'이었다. "모닥불 피워 놓고 마주 앉아서 / 우리들의 이야기는 끝이 없어라 // 인생은 연기 속에 재를 남기고 / 말없이 사라지는 모닥불 같은 것 // 타다가 꺼지는 그 순간까지 / 우리들의 이야기는 끝이 없어라 // 우리들의 이야기는 끝이 없어라(박건호 시 「모닥불」 전문)" 이 시는 박건호 시인이 스무 살 때 쓴 시라고 한다. 나는 20여 년 전 쯤 박건호 시인이 운영하던 '시섬(포엠아일랜드) '사이트에서 활동하고 있었는데, 그런 인연으로 박건호 시인은 내가 운영하는 종합문예지 스토리문학의 주간을 맡고 계셨다. 나는 박건호 시인을 모시고 우리 고향마을에서 시낭송회를 기획했는데, 박건호 시인이 갑자기 건강이 악화되어 신촌세브란스 병원에 입원하게 되고 병고로 병원에서 나오지 못하고 세상을 떠나셨다. 박건호 시인의 작고 후 '시섬'에서 함께 하던 시인들은 나를 박건호 시인을 이어 2대 시섬문인협회 회장을 추대했다. 그래서 나는 시섬문인협회를 맡아 4년 동안 협회를 이끈 바 있다. 그런 인연으로 박건호 시인이 운영하던 시섬문인협회에 강위덕 시인을 추천해서 강위덕 시인께서 시섬문인협회 회원이 되신 것이다. 모닥불은 단순히 작은 불꽃이 아니다. 모닥불은 우리네 서민들의 가슴을 훈훈히 달궈주는 불이다. 빙 둘러앉아 통기타를 치며 밤새 노래를 부를 수 있는 화합공간의 불이며, 화마로 산을 태우는 불도, 사나이 가슴에 지르는 화끈한 불도 아니다. 모닥불은 정을 나누는 불이며 어깨동무하는 불이고, 친구의 불이며 가족의 불이다. 모닥불은 단순히 캠핑을 가서 지피는 놀이문화의 불로만 존재하는 것이 아니라 추억으로 존재하는 불이며, 휴식으로 존재하는 불이고, 용서와 화해로서의 불이다. 박건호 시인이 「모닥불」을 썼고 강위덕 시인께서도 「모닥불」을 쓰셨지만 '모닥불'의 원조는 백석 시인일 것 같다. 백석 시인의 「모닥불」을 읽어보면 "새끼오리도 헌신짝도 소똥도 갓신창도 개니빠디도 너울쪽도 짚검불도 가랑잎도 머리카락도 헝겊조각도 막대꼬치도 기왓장도 개터럭도 타는 모닥불"이라며 타는 존재에 관해서 이야기하는데, 이 세상에 모닥불에 타지 않을 존재는 없다는 것을 시를 통해 강조하는 것 같다. 또한 "재당도 초시도 문장늙은이도 더부살이아이도 새사위도 갓사둔도 나그네도 주인도 할아버지도 손자도 붓장사도 땜쟁이도 큰개도 강아지도 모두 모닥불을 쪼인다"면서 모닥불 앞에서는 지위와 남녀노소가 없는 평등사회를 이야기한다. 그런데 비하여 강위덕의 「모닥불」은 "낙서로도 몇 마리의 물고기를 허탕 치게 하는 제주는 없으나 모닥불 앞에서 몇 십 년을 허공으로 오른 다음에야 담장 옆 모닥불을 피우는 것을 배웠네"라면서 모닥불을 피워 이웃과 함께 하는 지혜를 말하고 "쓰자마자 지워지는 저만 아는 낙서 경전, 지우고 또 지우는 마음이 모닥불에 타오르고 있지만 생선 몇 마리가 갈릴리 호수에 얼비쳐 흐른다"라면서 모닥불 위에 구워지는 생선은 단순히 생선이 아니라 갈릴리 호수에 얼비쳐 흐르는 불빛으로 승화해 하나님의 따스한 마음씨로도 묘사한다. 그러면서 모닥불은 단순히 홀로 타는 것이 아니라 "아직도 땅거미가 새벽을 견디고 법조문처럼 시선에 꽂힌 베드로와 예수가 밀폐된 갈릴리 호수 속으로 하역되고 있다"면서 모닥불 속에 피어나는 정신은 하나님의 사랑이라고 말하면서 "모닥불을 분비하여 새벽으로 가는 어둑어둑한 침묵 위에 천국의 방언 사랑, 사랑,

사랑"이라 몇 번이고 하나님의 사랑을 강조하여 '사랑이 이 세상에서 가장 중요한 덕목이자 인간사회를 버티게 하는 힘'이라 말하고 있는 것이다.

이상에서처럼 강위덕 시인의 시 몇 수를 읽어보면서 예술의 거장 강위덕 시인의 예술세계를 들여다보았다. 이 시집은 단순히 시집으로만 존재하지 않는다. 평면예술인 그림이나 조형예술인 조각, 그리고 소리예술인 음악은 메시지 구독자의 몫으로 독자를 우선시한다. 다시 말하면 그림은 평면으로 모든 생각을 표현해야 하기 때문에 독자의 해석에 따라 감상의 방향이 달라지고, 작곡된 음악 역시 구체적인 서사진술 들어있지 않고 멜로디와 악기 소리의 앙상블로 전달함으로써 이해하는 것은 청자 즉 관객의 몫이다. 그러기 때문에 강위덕 시인은 문학을 함께 한다. 이를테면 독자에게 문학화된 미술, 문학화된 조각, 문학화된 음악을 보여주고 싶은 것이다. 그래서 그의 시에는 회화화된 시와 멜로디화된 시와 신앙화된 시가 공존하는 것이다.

강위덕 시인은 그동안 미국에서 많은 작곡발표회와 그림전시회를 했지만, 한국독자들에게는 다소 생소하다. 그것은 그가 이제 한국으로 돌아온 지 3년차밖에 되지 않았기 때문이다. 다행스러운 것은 강위덕 시인이 살고 있는 정읍에 그의 예술박물관이 5월 말일 경에 개장된다고 하니, 그의 예술성을 갈망하는 독자와 관객, 그리고 배우려는 후학들에게는 참으로 잘 된 일이다. 강위덕 시인이 한국에 돌아온 것은 한국예술의 크나큰 발전과 전라북도 및 정읍예술의 획기적 기회가 되리라 믿어 의심치 않으며 강위덕종합예술박물관의 개관과 함께 시집 발간을 진심으로 축하드린다.

강위덕 시집

손톱이라는 창문

초판발행일 2022년 05월 06일

지은이 : 강위덕
발행인 : 김순진
편집장 : 전하라
디자인 : 김초롱
펴낸곳 : 도서출판 문학공원
등 록 : 2004년 3월 9일 제6-706호
주 소 : 우편번호 03382 서울 은평구 통일로 633
녹번오피스텔 501호 스토리문학사
전 화 : 02-2234-1666
팩 스 : 02-2236-1666
홈페이지 : http://www.munhakpark.com/
이메일 : 4615562@hanmail.net

※ 책값은 뒤표지에 있습니다.